Bravo Konbini
pour ton anni-
versaire !
[illegible]

From
Afro
with
Lov'
[illegible]

Konbini
Tu as combiné
Toutes les plus belles
Combinaisons
De ma Vie. ♡
Pour TOUT BRAVO !
et Merci.
Juliette ♡

Happy 15th
Anniversarey
(I can sing not spell)
Love you
Jorja Smith

HBD
KONBINI
[illegible]
2023

SWAG IS
THE FUTURE
15 ans, wesh.
B... anniversaire ♡
[illegible]

BIBI CHEZ KONBINI

autoportrait - tirage
2023 - collection
personnelle de Bibi
PRix: inestimable

JOYEUX
KONBIVERSAIRE
M. Poulpe

WORLD WILD WEB

© Hachette Livre (Marabout), 2023.

WORLD WILD WEB

15 ans de culture internet racontés par Konbini

MARABOUT

PRÉFACE

Il y a 15 ans, lorsque nous nous sommes lancés dans cette aventure en réservant le nom de domaine konbini.com, notre objectif était clair : pirater la culture mainstream et établir un espace où les nouveaux talents du Web pourraient s'exprimer de manière libre et innovante.

À l'époque, le Web était en pleine effervescence. Les médias traditionnels étaient ébranlés dans leurs fondations, et on se souvient tous des premières mixtapes et de l'impact incroyable de Myspace sur la musique. C'est aussi il y a 15 ans qu'Apple a sorti l'iPhone et nous a permis d'imaginer de nouvelles expériences numériques. Les bases du changement étaient posées.

Konbini a ouvert la voie.

Pourtant, alors que l'histoire des plateformes a souvent débuté dans les garages de la Silicon Valley, la nôtre a commencé dans notre propre appartement. C'était le moment de l'âge d'or de la French touch avec Ed Banger, les Daft Punk, le Paris Paris, le magasin Colette, la galerie Perrotin et bien d'autres. Nous étions là, aux premières loges, dans une sorte de chaos créatif fou, et nous en avons fait un fanzine en ligne, puis notre webTV, pour devenir finalement le média numérique que vous connaissez aujourd'hui.

Konbini est devenu une référence, c'est un peu "la base". En plus d'explorer les arts, la mode, le cinéma et la musique, nous abordons et supportons de nombreux sujets de société essentiels pour notre avenir. Nous avons notre propre vision de la pop culture, un savant mélange de tout ce qui nous inspire et de tous les artistes qu'on aime. Konbini, c'est un melting-pot mondial, ouvert à tous, diversifié, engagé et accessible. Nous pensons toujours que la culture et l'information doivent être accessibles à tous pour faire bouger les lignes. C'est notre mojo depuis le début.

À l'heure de l'accéléré et de la production massive, il nous a donc semblé nécessaire de figer les moments qui nous ont marqués, qu'Internet a créés, amplifiés, pour mieux appréhender les suivants et mieux se projeter dans le futur.

Ce livre est une célébration de toutes les cultures digitales qui ont émergé grâce à internet. Un panorama de moments choisis, dans lequel on aime déjà se replonger pour rire, apprendre, partager, ou simplement halluciner sur la vitesse à laquelle le monde a changé. C'est un flashback sur les 15 dernières années, un instantané des évolutions propulsées par le Web. Bien sûr, on ne raconte pas tout de l'histoire de ces dernières années. Nous avons choisi de nous arrêter sur ces dates, ces trends et ces éléments de langage qui nous ont marqués, dont vous vous souvenez certainement, et qui mettent en perspective ce que nous vivons aujourd'hui. Les œuvres cultes, les adieux à la scène, les révoltes, les moments suspendus, les premières fois, on vous raconte ce qu'on a vu et un peu ce qu'on a fait : le premier documentaire sur Orelsan, nos premiers Fast & Curious, Vidéo Club, Interviews Sandwich, les 540 000€ récoltés pour les enfants du Kasaï, l'histoire derrière le format Speech... bref, 15 ans en accéléré.

Un très grand merci à toutes les personnes qui ont pris part à l'histoire de Konbini, que ce soit devant ou derrière nos caméras. Nous sommes aussi extrêmement heureux d'avoir inspiré de nombreux médias alternatifs et nous espérons que cette énergie continuera de se propager. Nous formons une grande communauté porteuse de nouvelles idées et c'est précieux pour l'avenir.

Konbini, c'est la somme de tous les visages, de tous vos visages. Alors, merci d'avoir accepté que l'on porte votre voix, merci d'avoir fait résonner la nôtre.

Lucie Beudet & David Creuzot
Fondateurs de Konbini

SOMMAIRE

2016

- Pokémon Go
- Les filtres Snapchat
- Le cambriolage de Kim K
- Gamergate et Donald Trump
- Zerator
- Fleabag
- Kaepernick

2017

- Pepe the frog
- “Fake news”
- Le Fyre Festival
- La grossesse de Beyoncé
- Charge mentale
- #MeToo
- Backpack kid
- L’ASMR

2018

- *This is America*
- Kanye x Trump
- *League of Legends*
- Mercure en rétrograde
- Les gilets jaunes
- *Oh Djadja*
- Mac Miller

2019

- Vinted
- Jacquemus
- PNL
- Ok Boomer
- Christchurch
- Les colleuses
- Greta Thunberg

2020

- Les confinés
- Dogg Face *vibing to* Fleetwood Mac
- “Oui ma gâtée RS4 Gris Nardo (Nardo) “
- Travis Scott sur *Fortnite*
- Kobe et Gianna Bryant
- Elliot Page
- “La honte“

2021

- #FreeBritney
- Ever Given Gate
- Les notes vocales
- RIP les Daft Punk
- L’invasion du Capitole
- Clubhouse
- “Téma la taille du rat”

2022

- La domination de TikTok
- Mahsa Amini
- Elon Musk rachète Twitter
- Will Smith x Chris Rock
- Zelensky
- Jennifer Coolidge

2023

- Quoicoubeh
- Rihanna au Super Bowl
- Barbie
- Bold Glamour
- Santé mentale
- L’IA
- Les influenceurs et la retraite

20

Poke

Les blogs mode

Les fans d'Indie rock

Squeezie

08

“Casse-toi pauv’con”

Obama par Obey

L’âge d’or Pitchfork

Le poke, c'est les trois petits coups d'index sur l'épaule qui provoquent le même frisson que d'entendre quelqu'un dire "kikoo". Facebook vient d'arriver en France alors qu'on est encore en train de vivre notre meilleure vie sur Myspace. Avant de devenir un gimmick pour flirter, le poke permet à la personne pokée de naviguer dans le profil du pokeur, parce qu'avant l'apparition du feed, les profils sont fermés avant l'ajout en ami. Rapidement, Facebook explose, et dès 2009, alors qu'on peut enfin liker, le poke perd son utilité première pour être juste un "salut on se pécho" plus ou moins subtil. Et si aujourd'hui Meta est une plateforme de boomers (méfions-nous quand même), on ne pourra pas enlever à Mark d'avoir révolutionné les relations sociales sur Internet.

LES BLOGUEUSES MODE, OU LA NAISSANCE DE L'INFLUENCE AVEC UN BODY AMERICAN APPAREL

Après les blogs musicaux, la deuxième moitié des années 2000 correspond aussi à l'arrivée des premiers blogs mode. Parce qu'il existait un monde avant le #partenariatrémunéré.

Tavi Gevinson, New York.

Les stars d'Internet avant l'avènement des réseaux sociaux? Les premières blogueuses mode, évidemment. Des *girls next door* façon Le Blog de Betty aux dignes descendantes de la presse féminine façon Garance Doré, l'expression de la mode sur Internet se scrolle en tenues du jour partagées sur de bons vieux blogspots qu'on consulte sur ordinateur ou sur Lookbook.nu – le premier réseau social fashion, largement oublié depuis.

En parallèle, la référence ultime et pionnière du blog mode s'appelle The Sartorialist. Avant même l'invention du mot "scroll", c'était déjà ce que l'on faisait sur ses photos de look de rue à New York, Paris et ailleurs. Le monde du blog mode étant petit, The Sartorialist et Garance Doré ont même formé un couple à la ville entre 2007 et 2014.

Les photos de streetstyle sont prises au Canon 5D pour les plus pros, au *point & shoot* à 100 balles pour les amateurs et, la nuit venue, par des photographes de soirée au Cinespace de Los Angeles ou au Paris Paris... à Paris. Les blogueuses mode inventent surtout la fringue virale version Internet : si vous n'aviez pas le body American Apparel à empiècement transparent, étiez-vous vraiment quelqu'un en 2008?

La suite logique? Les premiers partenariats avec des marques et la naissance du monde de l'influence, si évident aujourd'hui. Bref, Betty a marché pour que Léna puisse courir.

En 2008, Tavi Gevinson a 12 ans. Son blog Style Rookie fait sensation. Le rap sur la capsule H&M x Comme des Garçons, c'était elle. Avec sa coupe façon *young* Anna Wintour, elle est l'incarnation même de l'évolution de l'expression adolescente sur Internet. De la mode à l'engagement féministe, de la *fast fashion* à la mise en avant de créateurs LGBTQIA+ sur son site Rookie Mag (fermé en 2018), Tavi a bien grandi et est aujourd'hui, à 27 ans, actrice et scénariste à Hollywood.

LES FANS D'INDIE ROCK

Adrien des BB Brunes vient de te taxer une clope devant le Gibus, donc tu passes ta situation amoureuse en "It's complicated" sur Myspace.

SQUEEZIE, LE ROI DE YOUTUBE QUI A COMMENCÉ SUR DOFUS À 12 ANS

En 2008, la France est sur Dailymotion. Lucas Hauchard, qui deviendra Squeezie, lui, est déjà sur YouTube et lance une chaîne spécialisée sur le jeu vidéo Dofus. De sa chambre, il va monter un empire jusqu'à devenir le youtubeur le plus suivi de France.

Lucas Hauchard *aka* Squeezie à Roland-Garros, le 5 juin 2019 à Paris.

De sa chambre de jeune ado, le jeune Lucas Hauchard va créer un petit empire. Même s'il faudra attendre 2011 pour que Squeezie devienne Squeezie, il possède déjà les codes d'un nouveau format, celui de parler devant sa webcam, une activité devenue un métier qui donne encore aujourd'hui de sérieux maux de crâne aux conseillers d'orientation.

Sa carrière peut sembler être un accident, mais elle repose sur un talent indéniable et une affaire de timing. Squeezie a l'âge parfait, celui qui va lui permettre de grandir en parallèle de la révolution technologique des usages d'internet. Jeux vidéo, forums, vidéos et, surtout, explosion de la plateforme YouTube. Alors que l'Internet français a encore le nez sur les blogueuses mode, il est l'un des premiers à mettre le curseur sur une autre passion : le gaming. Et qui aime les jeux vidéo ? Tous les ados du même âge.

Rapidement, Squeezie grandit, et sa chaîne aussi, avec un passage sous l'aile de Cyprien, lui aussi pionnier sur une autre forme de contenu YouTube, mal nommé "podcast" par le public francophone, mais qu'on peut plutôt considérer comme du stand-up face cam', nouveau format devenu l'évidence en l'espace de quelques années. En parallèle, la consommation de vidéos, avec l'arrivée des smartphones et de la fibre, fait grimper les chiffres, et Squeezie devient rapidement le youtubeur le plus suivi de France, doublant même son parrain Cyprien, dépassement orchestré dans un faux clash à grand renfort de clips musicaux et de hashtags.

Les années passent, YouTube devient l'évidence, le métier de youtubeur fait causer les plateaux télé, et Squeezie s'impose comme la personne la plus importante de l'Internet francophone. Thread horreurs, vidéos produites à l'autre bout du monde, équipe e-sport, Grand Prix de Formule 4 et même une carrière dans la musique, Squeezie fait tout, et peut se targuer d'être suivi par plus de 18 millions d'abonnés. Est-ce que c'est bon pour vous ?

Lire aussi :
https://www.konbini.com/internet/on-a-classe-objectivement-les-qui-est-imposteur-de-squeezie-du-plus-drole-a-lencore-plus-drole/

"CASSE-TOI, PAUV' CON"
Nicolas Sarkozy

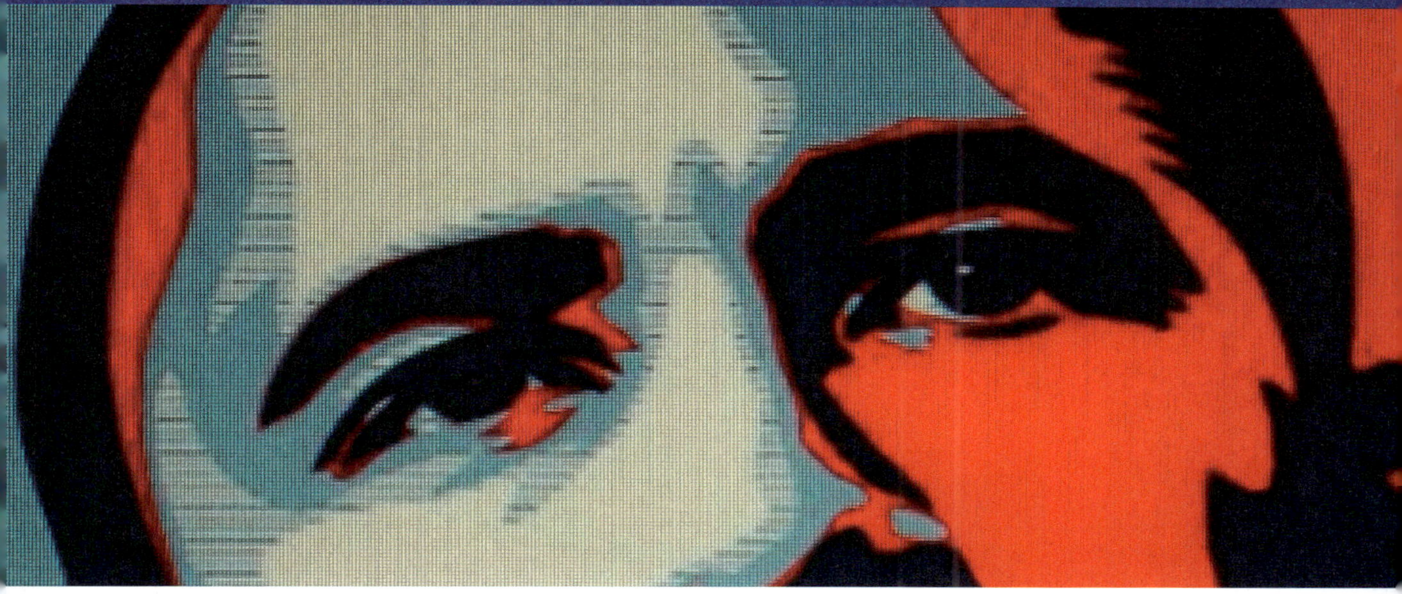

ESPOIR ET STREET-ART : OBAMA EST ÉLU PRÉSIDENT

La politique américaine, c'est aussi une histoire de pop culture. Ronald Reagan était d'abord un acteur de westerns après tout. Mais en 2008, ce sont deux disciplines du hip-hop qui vont appuyer la victoire d'Obama.

En 2004, P. Diddy lance "Citizen Change", épaulé par Mary J. Blige, Mariah Carey et 50 Cent. Leur slogan ? "*Vote or Die*", une formule placardée en tee-shirt dans leurs clips et autres apparitions publiques. Visant à pousser les jeunes et les minorités à s'inscrire sur les listes électorales, "*Vote or Die*", devenu un "*Obama or Die*" lors d'un discours de Diddy aux BET Awards de 2008, est une des clés de la première victoire du premier président afro-américain.

"HOPE", l'affiche imaginée par Shepard Fairey *alias* Obey est, elle, LE symbole de la campagne d'Obama. Le street artiste à l'entreprise florissante joue un coup de maître avec le portrait du futur président, devenu en quelques années l'évidence des pages des livres d'Histoire pour illustrer la course à la Maison-Blanche et son premier mandat.

"HOPE", l'espoir d'une autre Amérique, celle qui ne s'exprimait pas dans les urnes, placardée à l'infini sur les murs, en affiches, stickers, tee-shirts et à peu près tout ce qui permet d'être peint en bleu et rouge. Sur Internet, les quatre lettres se déclinent surtout grâce à un outil ultra-simple où chacun peut créer son portrait stylisé à la Obey pour l'afficher ensuite en photo de profil Myspace.

Depuis, pas de campagne politique sans stratégie digitale virale et sans emprunt aux cultures populaires. De là à dire que du bureau d'Emmanuel Macron aux démocrates américains, le street-art d'Obey serait devenu de droite…

Lire aussi :
https://www.konbini.com/popculture/obama-droits-des-femmes-skateboard-5-choses-a-savoir-sur-le-street-artiste-obey-aka-shepard-fairey/

La série *Vampire Diaries*.

TWILIGHT OU *TRUE BLOOD*, PURITAINS OU SULFUREUX, LES VAMPIRES SQUATTENT LA POP CULTURE

Chaque décennie a eu son lot de séries vampiriques, de *Dark Shadows* dans les années 1960, à *Buffy contre les vampires* à l'aube du nouveau millénaire, jusqu'à l'hilarante *What we do in the Shadows*. Créature de la nuit, maudite, glamour, terrifiante ou diablement attirante, le mythe du suceur de sang adopte de nombreux visages sur nos écrans et a toujours été l'objet de fantasmes dans notre imaginaire.

L'année 2008 est probablement le meilleur millésime dans sa représentation, de la fétichisation de l'amour chaste à la *Twilight*, au franchissement de toutes les transgressions avec *True Blood*. Le mélange des deux ayant donné naissance, quelques mois plus tard, à l'addictive *Vampire Diaries*. Ces deux œuvres sont à l'origine des romans, et leur histoire démarre lorsqu'une humaine (Bella dans le film, et Sookie dans la série) s'éprend d'un vampire. La comparaison s'arrête là.

Twilight, qui s'adresse surtout à des jeunes filles, est une ode à peine voilée à la doctrine mormone dont se revendique son autrice, Stephenie Meyer. Elle deviendra l'une des sagas cinématographiques les plus populaires de sa génération. Les films ont révélé, dans la peau (pâlichonne) de son couple phare, Kristen Stewart et Robert Pattinson, dont l'intimité a depuis été scrutée dans les moindres détails, par les paparazzi comme par les fans.

Dans les années 2000, l'abstinence chez les ados fait un come-back, porté par des stars comme les Jonas Brothers qui arborent fièrement (mais plus pour très longtemps) leurs "bagues de pureté". Les valeurs chrétiennes reviennent sur le devant de la scène pour proposer à la jeunesse une alternative à la société libérée qui glorifie des idoles très sexualisées (le plus souvent des femmes). La morsure du vampire ayant toujours servi de métaphore à l'acte sexuel de pénétration, voire de viol dans certains cas, *Twilight* s'en est saisi pour en faire le fruit défendu. Autant pour Bella qu'Edward, l'abstinence et la retenue sont de mise. La morale très puritaine de *Twilight* (on ne couche pas avant le mariage!) n'éclipsera pas son succès : elle y a, bien au contraire, fortement contribué.

True Blood, quant à elle, entre les mains d'Alan Ball son *showrunner*, est l'une des productions les plus sulfureuses et subversives de la chaîne HBO, pourtant réputée pour son audace. Aux antipodes de *Twilight*, la série préfère la moiteur du bayou de la Louisiane aux denses et froides forêts de pins de l'Oregon. Sookie est une héroïne qui, comme Buffy onze ans avant elle, défie le trope de la blonde aussi sotte que sexy, et victime idéale. Cette serveuse au grand cœur, mais au caractère bien trempé, n'a pas peur du danger. Pire, ça l'excite. Durant sept saisons, *True Blood* n'a pas seulement flirté avec le mauvais goût, elle l'a célébré : des scènes les plus gores et gratuites aux *kinks* sexuels les plus dérangeants, rien ne nous aura été épargné. Tant de moments qui sont gravés dans nos rétines, aussi sûrement que son générique, sur le titre "Bad Things" de Jace Everett, s'est logé au plus profond de notre mémoire.

Si tout le monde se souvient de *True Blood*, *Twilight* et *Vampire Diaries*, c'est une série beaucoup plus discrète, mais tout aussi brillante, qui a ouvert la marche des vampires en 2008 : *Being Human*. De l'autre côté de la Manche, en février, la chaîne pour ados BBC Three lançait cette dramédie surnaturelle dans laquelle un loup-garou, un fantôme femme et un vampire vivent en colocation dans la charmante ville de Bristol. Une petite merveille d'humour et de noirceur, portée par un cast rafraîchissant, à découvrir sur Prime Video, mais préférez la version originale (UK), à l'adaptation américaine.

Robert Pattinson.

Gaspard Augé et Xavier de Rosnay en concert au festival La Route du Rock en août 2007.

KID_CUDI_DAY_N_NITE_CROOKERS_REMIX128KPS.MP3

Dans un monde pré-streaming, des blogs font la pluie et le beau temps du cool dans les baladeurs MP3 (un iPod Nano 4e génération bleu irisé).

En 2008, le monde se divise en deux catégories : ceux qui écoutent Coldplay et les autres. Ceux du bon côté de la barrière aspirent le contenu de leur iTunes sur des blogs qui postent quotidiennement les morceaux indé du moment, une fois sur deux remixés par le duo italien Crookers. Le tout, hébergé sur MediaFire ou sur un bon vieux FTP Free.

Ces blogs, florissants depuis 2005, se professionnalisent et une nouvelle forme de journalisme musical vient faire la nique aux magazines papier et aux maisons de disques. Pitchfork, site né en 1995, qui connaît son âge d'or dans les années 2000, fait la pluie et le beau temps pour savoir quelle bande composée de trois Australiens aux cheveux longs avec un clavier, une guitare et une boîte à rythmes sera les prochains MGMT. Arcade Fire, Animal Collective, Bon Iver, Sufjan Stevens, Interpol, The Go! Team, Junior Boys, The Books, Cold War Kids… ils doivent tous une part de leur succès à Pitchfork. Au même moment, l'Amérique, férue depuis quelques années de la "deuxième" vague de French touch portée par Pedro Winter et son label Ed Banger avec Justice en tête de gondole, voit de nouvelles têtes émerger dans le monde de la musique électronique ; un certain Sonny Moore décide de s'appeler Skrillex ; Diplo et Switch créent Major Lazer, et c'est l'arrivée des DJ stars, précédemment cantonnés aux clubs, sur les grandes scènes de festivals.

Ce n'est pas l'industrie du disque qui se sauvera elle-même de ce piratage et de la consommation de la musique en téléchargement, mais l'arrivée de nouveaux acteurs. En Suède, Spotify est déjà né, mais ne deviendra le service de streaming qu'on connaît qu'à partir de 2010, laissant à tout le monde encore deux belles années pour sauvegarder sauvagement des MP3 mal encodés.

Lire aussi :

https://www.konbini.com/archive/pour-la-premiere-fois-depuis-10-ans-pitchfork-10-10-album/

VERY FAST NEWS

Aïe, la moustache est (encore) de retour ••• Ciao marcher, on peut commander des pizza en ligne avec son téléphone ••• Heath Ledger, le Joker du *Dark Knight*, meurt à 28 ans ••• Britbrit nous refait vibrer avec *Womanizer* (vous l'avez ?) ••• *A milli a milli a milli* : Lil Wayne est au sommet de son art ••• La première de *Breaking Bad* redonne de l'autorité aux profs de sciences physiques ••• *Bienvenue chez les Chti's* fait 20 millions d'entrées ••• Spotify est là, mais pas encore la fibre ••• "Si tu reviens j'annule tout" : Sarko est pas fortiche du sexto ••• La vie en bleu-blanc-rouge : Marion Cotillard remporte un Oscar pour *La Môme* ••• Le déclin des vidéos-clubs continue alors que Netflix a tout juste amorcé la location de vidéos à la demande ••• Oupsy, on a hypothéqué la maison (c'est la crise des *subprimes*) ••• Tom Cruise et Katie Holmes, c'est finito ••• La Tecktonik, c'est finito ••• Ça veut dire que Tom Cruise dansait la Tecktonik ? ••• La choré de *Single Ladies* révolutionne les EVJF ••• Coup dur : c'est l'année des verrines ••• Les Femen se forment en Ukraine ••• Un journaliste irakien lance son soulier (et Bush l'évite) ••• *Entre les murs* décroche la Palme d'or ••• *Very Bad Trip* est la traduction française en anglais de *The Hangover* ••• Madoff a embobiné un paquet de monde ••• Un bitcoin vaut 0,001 dollar ••• Yves Saint Laurent meurt à 71 ans.

ON CRÉE KONBINI

En 2008, il manque un média qui parle à la nouvelle vague d'artistes issus de la contre-culture digitale. Après l'apparition de web players comme Myspace ou Second Life, une Web TV est créée dans un petit appartement parisien : Konbini. L'idée : proposer 24/7 (à l'image d'un Konbini japonais) des contenus vidéo sur les artistes boudés par les médias traditionnels.

20

L'A320 sur
l'Hudson River

Lightning Bolt

Le planking

09

Ru Paul et Drag Race

Slender Man

Kanye x Taylor part. 1

UN AVION S'ÉCRASE, UN OISEAU S'ENVOLE

Le 15 janvier 2009, un avion de la US Airways amerrit en catastrophe sur l'Hudson, la rivière qui longe l'est de Manhattan. Janis Krums sort son téléphone et change le monde de la *breaking news* pour toujours.

Quelques années auparavant, en 2006, Twitter est né. Au départ, les gazouillis sont envoyés *via* AIM ou SMS à un serveur qui renvoie en "push" le tweet aux quelques abonnés. Trois ans plus tard, l'oiseau bleu a, à peu de chose près, la forme qu'on connaît aujourd'hui et pas loin de 35 millions d'utilisateurs s'y connectent chaque mois.

Alors, quand le ferry à bord duquel il traverse la rivière tombe sur l'Airbus A320 du vol US Airways 1549, avion qui a fraîchement décollé de l'aéroport LaGuardia de New York et qui vient d'amerrir sur l'Hudson avec le pilote Chesley Burnett "Sully" Sullenberger aux commandes et 155 passagers sains et saufs en train d'être évacués dans des canots de sauvetage, Janis Krums sort son smartphone, prend une photo et la publie sur Twitter.

Ce geste, si naturel aujourd'hui, n'est pas si évident à l'heure du BlackBerry et de l'iPhone 3G et sa caméra de 2 mégapixels. "Il y a un avion dans l'Hudson. Je suis dans le ferry qui va récupérer les passagers. Dingue" : sa phrase et sa photo arrivent en traînée de poudre dans les rédactions du monde entier.

La suite, c'est un changement de l'information où chacun, smartphone à la main, devient la source principale des événements du monde. La preuve ? Si un astéroïde tombe sur le Massif central, il y a de fortes chances pour que vous alliez taper "C'était quoi ce boum ?" sur Twitter avant d'aller sur *Le Monde*.

Lire aussi :
https://www.konbini.com/techno/qui-est-arkunir-un-francais-de-19-ans-qui-a-mis-twitter-a-genoux/

Usain Bolt devient champion du monde et marque toute une génération de son éclair "Lightning Bolt".
Il a même enclenché les démarches pour en faire une marque déposée, à l'image de la silhouette Jumpman de Michael Jordan.

Usain Bolt lors des JO d'été de Rio de Janeiro, après avoir remporté la médaille d'or du 200 m.

LE PLANKING

Rien à voir avec un exercice de votre coach à Basic-Fit. Même si fit, il faut l'être pour réussir le challenge qui a peut-être généré plus de passages aux urgences que de vues. Le planking, c'est donc de réaliser une belle planche bien droite, sans les mains évidemment sinon c'est pas drôle, sur tout autre support que le sol. Et plus c'est visuel débile, mieux c'est : chameau, grue, porte, voiture de police pont, vélo, cuvette des toilettes, passage piétons, poubelles… On vous laisse deviner lesquels ont mal tourné. Si le planking peut vous paraître anecdotique, c'est pourtant un des premiers "challenges internet", de ceux dont on parle aux infos, même avant le Ice Bucket Challenge ou le "Floor is Lava". Le planking a planké hier pour que les trends TikTok puissent exister aujourd'hui.

RUPAUL, DRAG-ICÔNE FLAM-BOYANTE

En 2009, la diffusion de la première saison de “RuPaul’s Drag Race” propulse la culture drag dans les salons du monde entier. Une petite révolution pour la communauté LGBTQ+ mise en lumière par le programme devenu culte et aujourd’hui diffusé dans le monde entier.

RuPaul en 2007.

En France, “Drag Race” arrive en version “oui oui baguette” sur nos écrans en 2022. Aux commandes, Nicky Doll, drag-queen que l’Amérique a déjà pu remarquer dans la saison 12. La première saison est un petit carton et couronne la géniale Paloma.

Né en 1960 à San Diego de parents originaires de Louisiane, RuPaul vit plusieurs vies avant le succès des années 2000 et l’évidence “Drag Race”. Étudiant en art à Atlanta, où il commence à performer en drag-queen dans des clubs, il s’installe ensuite à New York où il devient rapidement une figure incontournable des nuits queer. C’est aussi là-bas, à la fin des années 1980, qu’il rencontre sa désormais très chère amie et fidèle collaboratrice Michelle Visage.

Dans les années 1990, il sort plusieurs singles, déjà sous les traits d’une drag, dont le titre “Supermodel (You Better Work)” qui cartonne sur les dancefloors. Après avoir animé ses propres talk-shows, c’est avec l’émission “RuPaul’s Drag Race” qu’il obtient la reconnaissance du grand public. Cette compétition où des drag-queens rivalisent sur différents challenges, du défilé de mode au mythique lipsync, en passant par la confection de costumes tous plus fous les uns que les autres, met un coup de projecteur sur cet art aussi flamboyant que politique qu’est le drag. Le succès du show continue de grandir et rallie toujours plus de fans à sa cause.

Quinze saisons, rien que ça, autant de déclinaisons internationales, et c’est sans compter sur les All Stars, où s’affrontent les meilleures queens des éditions précédentes. Un divertissement inspiré de la scène *ballroom* qui, sous les paillettes et les perruques, a servi de porte-voix à de nombreuses causes et permis de conscientiser le grand public sur ces problématiques. Et si RuPaul a longtemps été défavorable à l’inclusion de candidates trans dans l’émission, il a finalement évolué sur la question après quelques *backlashes*. Ces catch-phrases légendaires sont aujourd’hui paroles d’Évangile : “On naît tous et toutes nu·e·s, et le reste, c’est du drag”, ou encore “Si tu ne peux pas t’aimer toi-même, comment vas-tu aimer quelqu’un d’autre?” *Can I get an amen*?

Lire aussi :
https://www.konbini.com/videos/paloma-la-gagnante-de-drag-race-france-disseque-les-looks-iconiques-des-series/

SLENDER MAN, AUTOPSIE D'UN MÊME INTERNET

Préparez-vous à flipper, la légende urbaine Slender Man devient l'histoire ultime à raconter autour du feu de camp et sur les forums de frousse d'Internet. Mais alors, qui est vraiment ce monstre aux bras ballants ?

Le 30 mai 2014, pour fêter ses 12 ans, Morgan invite deux copines de son âge à dormir chez elle, à Waukesha, dans le Wisconsin : Bella, son amie de toujours, et Anissa, qu'elle connaît depuis un an, avec qui elle partage son amour des légendes urbaines. La soirée typique d'adolescentes américaines de 12 ans se termine le lendemain en un massacre incompréhensible : Morgan poignarde 19 fois Bella dans la forêt. La croyant morte, elle et Anissa repartent gaiement. Bella arrive pourtant à atteindre la route, où un cycliste l'aperçoit et l'emmène à l'hôpital.

Aujourd'hui, Bella est en vie, Anissa est en prison pour mineures, et Morgan est internée en hôpital psy où elle est traitée pour schizophrénie. Lors des interrogatoires, cette dernière a raconté avoir des hallucinations, entendre des voix et croire à un tas de choses, comme le fait que Voldemort était son ami intime. De plus, on a retrouvé chez elle une cinquantaine de dessins et écrits concernant Slender Man : un monstre humanoïde issu d'Internet.

Comment un mythe urbain venu d'Internet a-t-il pu pousser deux enfants à un tel acte? Beaucoup s'interrogent, et c'est le sujet d'un docu diffusé sur HBO : *Beware the Slenderman* d'Irene Taylor Brodsky, documentariste déjà nommée aux Oscars, qui a choisi ce sujet pour tenter de comprendre la figure du Slender Man, qui n'a en réalité rien à voir avec le reste des monstres jaillis des entrailles d'Internet. À commencer par le fait qu'il a une date de naissance, une origine précise et que l'on connaît l'évolution du personnage.

Le Slender Man est né le 10 juin 2009, sur l'ordinateur d'Eric Knudsen. Deux jours auparavant, un membre du forum Something Awful lançait un concours Photoshop afin de créer des "images paranormales". Au milieu des faux ovnis et autres ectoplasmes, Knudsen se démarque en balançant deux photos de groupe d'enfants en noir et blanc avec, en arrière-plan, un homme élancé ("*slender*" en anglais), très grand, sans visage et doté de ce qu'on devine être six tentacules sur le deuxième cliché. À cela, il ajoute des légendes, provenant de soi-disant témoins, renforçant l'aspect réaliste de l'entreprise. En trois minutes, la créature devient la vedette du concours, au point que les inscrits du site ne présentent plus que des montages concernant le fameux Slender Man.

La communauté l'a autant connecté à des mythes réels – qu'il s'agisse du Noppera-bō (fantôme aux traits humains sans visage issu du folklore japonais), du roi des Aulnes (personnage de la mythologie germanique) ou de Wendigo (une créature amérindienne vivant dans la forêt) – qu'à des récits réinventés : ainsi, plusieurs internautes ont retouché des gravures datant de la Renaissance allemande, donnant à Slender Man une descendance factice franchement crédible, comme avec la gravure de Hans Holbein le Jeune, *Das Kind*, représentant le personnage Der Ritter.

Le 20 juin 2009, soit dix jours après la naissance du mythe, deux vidéos sont postées sur le compte YouTube Marble Hornets : une introduction et le premier épisode – qui a désormais plus de 5,5 millions de vues – de ce qui deviendra une websérie phare dans le Slenderverse, le *Marble Hornets Project*. Il suffira de quelques épisodes pour qu'apparaissent alors des parodies, des reprises, des mèmes à foison, des fan arts, des discussions partout sur Reddit ou 4chan, des fausses histoires, des blogs spécialisés, un wiki dédié contenant désormais plus de 300 pages... Le Slender est lâché et se diffuse partout sur Internet.

Mais la reconnaissance globale passera principalement par le jeu vidéo, lorsque, fin juillet 2011, le créateur de Minecraft, Markus "Notch" Persson, annonce une mise à jour comprenant l'introduction d'un nouveau monstre noir aux yeux luminescents, qui vous pourchasse si vous le croisez. Notch décide alors d'appeler le mob « Enderman », la référence étant parfaitement assumée.

Assister à la naissance d'un mythe (et à ses conséquences dramatiques), à sa fabrication collective et à sa transmission, voilà un privilège offert par les années 2010.

EN
PLS

"IMMA LET YOU FINISH"

Septembre 2009, pendant la cérémonie des MTV Music Awards au Radio City Music Hall de New York, Kanye West monte sur scène pour interrompre la remise du prix de la meilleure vidéo féminine de l'année à Taylor Swift. Un instant suspendu dont on se souviendra comme le premier "gate" du rappeur.

Alors qu'elle n'a que 19 ans et qu'elle est encore qualifiée d'artiste "country", Taylor Swift décroche son premier VMA. Mais ce n'est pas de son trophée en forme d'astronaute dont on se souviendra, mais de l'arrivée sur scène de Kanye West, chemise en cuir sur les épaules et lunettes noires vissées sur le crâne.

"Yo Taylor, I'm really happy for you. Imma let you finish, but Beyoncé had one of the best videos of all time!" ("Yo Taylor, je suis vraiment content pour toi. Je vais te laisser terminer, mais Beyoncé avait une des meilleures vidéos de l'année.").

La gênance, au point que Beyoncé, qui finira par gagner l'Award de la vidéo de l'année un peu plus tard dans la cérémonie, invitera Taylor Swift à la rejoindre sur scène.

Ce n'était pas la première fois que Kanye s'offrait une séance de seum à la célèbre cérémonie. Trois ans auparavant, en 2006, il avait déjà mal digéré la victoire

Kanye West et Taylor Swift aux MTV Music Awards.

de Justice, le clip de "We Are Your Friends" coupant l'herbe sous le pied à son "Touch the Sky", le forçant déjà à grimper sur scène. Une prise de bec qui ne l'empêchera pas de faire ensuite appel à la bande de Frenchies d'Ed Banger en confiant à So Me le clip de "Goodlife" l'année suivante.

Mais c'est quoi la "millennial pause" que même Taylor Swift ne peut s'empêcher d'observer ?

La "millennial pause"? C'est ce petit rictus, ce petit réflexe, ce genre de petit temps mort, qu'on est en train de tous assimiler à l'heure de TikTok. Un mouvement de visage, un regard, une respiration, une toute petite seconde qui n'existait pas avant qu'on retourne des smartphones vers nous pour enregistrer de courtes vidéos. Cette "millennial pause", cet élan qui vérifie si notre smartphone enregistre bien en démarrant un TikTok, c'est l'utilisatrice de la plateforme @nisipisa qui l'a théorisé en montrant que même Taylor Swift n'y coupe pas. La "millennial pause", comme une petite étincelle d'humanité, de faiblesse organique, apporte finalement une forme de poésie au flux de contenu qu'on consomme quotidiennement.

Lire aussi :
https://www.konbini.com/popculture/classement-albums-kanye-west/

VERY FAST NEWS

CR9 arrive à Madrid • Les membres d'Oasis s'embrouillent à Rock en Seine • *Avatar* devient l'œuvre avec des petits persos bleus la plus connue • In Newwwwwwww Yoooooork, Alicia Keys et Jay-Z chantent la Grosse Pomme • Chris Brown est accusé de violences contre Rihanna • *The Office* montre au monde ce qu'est vraiment le parkour • Filip Nikolic des 2Be3 meurt à 35 ans • Kid Cudi sample le "Poker Face" de Lady Gaga • Alors Snoop Dog, Snoop Doggy Dog, qu'est-ce qu'on attend ? • Dans les fêtes de BDE ça passe "Ça m'énerve" d'Helmut Fritz et "C'est beau la bourgeoisie qui boit du champagne" de Discobitch • Dans les autres fêtes ça *got a feeling that tonight gonna be a good night* • Le vol Air France 447 se crashe entre Rio et Paris • Oupsy, Microsoft lance Bing dans l'espoir de concurrencer Google • League of Legends et Minecraft changent la vie des g@merz • Y'a des flashmobs dans les mariages • Y'a des flashmobs au supermarché • Y'a des flashmobs partout • Y'a possiblement un flashmob en hommage à la mort de Michael Jackson • Le financement participatif se conceptualise sur Kickstarter, le premier projet lève 35 dollars • OSS est à Rio • Brad Pitt explose des nazis dans *Inglourious Basterds*.

VOUS NE LE SAVIEZ PEUT-ÊTRE PAS

David Marsais et Grégoire Ludig du "Palmashow" ont commencé à Konbini. À l'époque, leur show s'appelait *Remakers* et le duo excellait déjà dans la parodie de références plus ou moins cultes de la pop culture. Pour ne citer que quelques titres prometteurs de leurs vidéos : "Fous 2 Foot", "Le Grand Reuf", "Enquête Interdite Exclusive", "Superman Retourne"...

20

"We are Anonymous"
Chatroulette

Swag
Les fans de Booba

10

Instagram
Coupe du monde

Julian Assange

“WE ARE ANONYMOUS. WE ARE LEGION. WE DO NOT FORGIVE. WE DO NOT FORGET. EXPECT US”

Anonymous, *mouvement cyberactiviste*

CHATROULETTE, OU COMMENT TROUVER L'AMITIÉ DANS UNE FORÊT DE TEUBS

ASL, pour "Age/Sex/Location", c'est le bonjour de ceux qui ont connu les forums et autres tchats en lignes du tout début des années 2000. Mais en 2010, grâce à l'ado russe Andrey Ternovskiy, il est possible de montrer nos ~~teubs~~ visages à des inconnus du monde entier, au hasard, pour le meilleur et surtout pour le pire.

Les nudes flous n'ont pas attendu les mégapixels pour s'envoyer sur les réseaux, mais en 2010, à l'heure de l'iPhone 4 et à quelques mois du lancement d'un nouveau réseau social du nom d'Instagram, un site étonnant lancé quelques mois plus tôt par un Russe de 17 ans du nom d'Andrey Ternovskiy revendique quelque 800 000 connexions quotidiennes. Ça fait beaucoup.

Dans un monde qui carbure à MSN et où c'est sur ordinateur qu'on tchatte, cette "roulette" russe est une petite révolution basée sur un concept ultra-simple. On branche sa webcam, on clique, et on est mis en relation, en vidéo, en audio et en tchat, avec un ou une inconnu(e) pour discuter, quelques secondes, quelques minutes ou, pour certains qui y trouveront l'âme sœur, toute la vie.

S'ensuivent des histoires rocambolesques.
Une fois passées les pluies de webcams directement tournées vers des parties génitales – pas loin de 14 % des utilisateurs en mars 2010, selon une petite étude maison du vidéaste Casey Neistat reprise par le *Guardian* ou le *New York Times* –, Chatroulette est un des premiers "réseaux sociaux" créateurs d'aventures et de mèmes légendaires. L'immédiateté, la recherche de la blague, de l'amour ou, ne nous mentons pas, de la branlette, sont des marqueurs qu'on retrouvera quelques années plus tard dans les mécanismes des inévitables applis de rencontres.

En 2019, Konbini Techno a enquêté pour savoir si Chatroulette était encore "truffé de zgegs", la réponse ne surprendra personne : oui, dix ans plus tard, traîner plus de deux heures sur Chatroulette expose à toujours autant de pénis. Un chatrouleur sur deux se révèle effectivement être un zgeg. Une autre façon de poser une question qui taraude les femmes depuis la première *dick pic* : que se passe-t-il dans la tête d'un homme lorsqu'il montre son zizi ?

Lire aussi :
https://www.konbini.com/videos/la-folle-histoire-de-chatroulette-avec-son-createur/

LES FANS DE BOOBA PARCE QUE LUNATIC VIENT DE SORTIR

Dans ta tête, t'es le boss du rap game, mais le son qui te met le plus la pression, c'est ta maman qui t'appelle pour vider le lave-vaisselle.

"IZI"

On part au XVIe siècle et on passe voir William Shakespeare pour une petite représentation de son "Songe d'une nuit d'été", pièce où on peut sourcer une des premières utilisations du terme "swagger". À l'époque, on l'entend comme le fait de fanfaronner, faire le fier, se la péter, vivre pour les caméras avant l'invention des caméras quoi. Dans les années 1960, des sources peu fiables répandent la rumeur selon laquelle "SWAG" serait l'acronyme de "Secretly We Are Gay", nom de code pour un monde pas très relax avec l'homosexualité. Mais c'est à la fin des années 2000 que, avec le "Paper Planes" de M.I.A. et sa bande bien sapée car "*no one on the corner has swagger like us*", l'expression explose dans le monde du rap et dans les cours d'école. Jay-Z, Justin Bieber, et évidemment Swagg Man, le swag, entre style et énergie, est partout. Une expression vite oubliée, alors que le mot "ringard", lui, est encore de mise.

INSTAGRAM

Comment une app de coucher de soleil a inventé l'influence et révolutionné la drague

En 2010, une nouvelle appli, du nom d'Instagram, fait son apparition sur l'App Store Apple. La promesse de ce qui deviendra l'application la plus importante du monde? Partager des photos prises sur smartphone (au mieux un iPhone 4 à l'époque) en y appliquant un filtre bien sépia, "contraste" bien poussé à fond par-dessus.

Malgré les pixels et la pluie de couchers de soleil flous, Instagram prend vite de la vitesse en 2012 ; après avoir enfin lancé sa version Android, l'appli est rachetée un juteux milliard par Facebook. Instagram s'impose rapidement comme l'appli cool, celle des créatifs qui en ont marre du feed Facebook rempli de *think piece* de boomers et de mèmes douteux avec les personnages des Minions.

En 2013, Insta lance sa messagerie, histoire que le monde entier puisse enfin glisser en DM. Mais c'est surtout en 2016 que l'appli frappe un grand coup. En copiant clairement Snapchat, elle lance sa fonctionnalité "story" qui permet aux utilisateurs de poster leur quotidien de façon instantanée en photos et courtes vidéos qui s'effacent au bout de 24 heures. Les heures passées par ses utilisateurs sur l'appli explosent. D'une app de coucher de soleil retouché, Insta devient très vite un terrain de jeu pour la drague, le *stalking* de la vie des autres, les assiettes de restaurants et pour… l'influence. Les blogueuses mode ayant quitté leurs blogs, elles deviennent instagrameuses, inventant une nouvelle économie basée sur la collaboration avec les marques. D'instagrameuses, elles deviennent ensuite influenceuses. Après la mode, ce sont ensuite tous les domaines qui trouvent leurs égéries.

Addictif, Instagram a inventé le réseau social universel où chacun partage sa vie et consomme celle des autres, et l'économie qui va avec. La preuve, à son pic, on ne demande plus le 06 de notre crush, mais son @insta pour lui envoyer ensuite des petites flammes en story en espérant décrocher un *date*.

En un peu plus de dix ans, Instagram peut se targuer d'avoir réussi à révolutionner les contacts humains, d'avoir créé une économie autour des créateurs de contenu et des marques, et d'avoir permis à ses un peu plus de deux milliards d'utilisateurs de devenir les directeurs créatifs de leurs vies, pour le meilleur et pour le pire. Tout ça pour une histoire de coucher de soleil.

La fois où un œuf a cassé Insta

"Cette photo d'un œuf est désormais l'image la plus likée sur Instagram", titre Konbini le 14 janvier 2019. En quelques jours, la photo d'un simple œuf, devenue virale à coup de hashtags, dépasse de plus de 6 millions de likes la photo précédemment numéro uno de l'appli : un cliché de Kylie Jenner et son fils Stormy. L'œuf restera le plus liké jusqu'à la publication de la photo de la célébration d'un certain Lionel Messi pour sa victoire en Coupe du monde le 20 décembre 2022.

Lire aussi :
https://www.konbini.com/internet/comment-jai-trouve-lamour-grace-a-une-page-de-memes-sur-insta/

COUPE DU MONDE

On a fait un nuage de tags parce que c'était à la mode en 2010

VUVUZELA
NELSON MANDELA
PAUL LE POULPE
ZENANI MANDELA
LE BUS
LE FIASCO DE KNYSNA
ZAKUMI
ESPAGNE
WAKA WAKA
DEMANDE EN MARIAGE
RAYMOND DOMENECH
ANELKA
NICOLAS SARKOZY
ROSELYNE BACHELOT
RAMA YADE
"VA TE FAIRE EN***** SALE FILS DE P***"
ESTELLE DENIS

JULIAN ASSANGE, "LEAKER" ORIGINEL

En août 2010, un mandat d'arrêt international pour des allégations d'agressions sexuelles est lancé contre Julian Assange, fondateur de Wikileaks. Mais qui est vraiment le deuxième Julian le plus célèbre des années 2000 ?

Julian Assange, à une conférence de presse à Westminster, en octobre 2010.

En 2006, l'activiste Julian Assange lance Wikileaks, une ONG vouée à partager des documents classifiés à portée politique. C'est en 2010 que le lanceur d'alerte frappe un grand coup en "leakant" des documents américains dérobés par celle qui deviendra bientôt Chelsea Manning, mais qui s'appelle alors encore Bradley Manning. Au total, plus de 25 000 *cables* relayés par les grands médias occidentaux dévoilent les positions américaines sur les leaders du monde et leurs diplomates.

On y apprend – entre autres informations plus importantes – que l'ambassadeur de Singapour pense que le Japon est un *"big fat loser"* ("gros gras nul"), qu'un ministre libanais donnait des petites astuces à Israël pour envahir le Liban (le mec n'a jamais démissionné), et que Berlusconi est un objet sans fin de blagues pour les diplomates américains.

Ce coup de tonnerre fait de Julian Assange un homme recherché, en parallèle de différentes allégations d'agressions sexuelles en Suède. Pour échapper à une extradition, en Suède – où les charges ont expiré quelques années plus tard – et aux États-Unis – où Chelsea Manning se retrouve devant la cour martiale –, Julian Assange demande l'asile à l'ambassade équatorienne à Londres. Un endroit où il restera plus de sept ans et où il sera interviewé par Lady Gaga un jour de 2012.

Julian Assange, arrivé grimé en livreur à l'ambassade d'Équateur, se retrouve dans cette drôle de résidence, où, au départ, un simple bureau est transformé en chambre avec un matelas et une kitchenette. Un feuilleton diplomatique qui a même donné naissance à une adaptation au cinéma en 2013 où Julian Assange est joué par Benedict Cumberbatch.

Finalement placé en détention en Angleterre en 2019, Julian Assange attend toujours aujourd'hui une éventuelle extradition vers les États-Unis où il risque toujours un procès pour espionnage.

PS : si vous vous posez la question, le Julian le plus célèbre des années 2010 n'est pas le leader des Strokes Julian Casablancas, mais bien King Julian, le roi lémurien du dessin animé *Madagascar* avec son incroyable reprise du tube de Reel 2 Real "I Like to Move it".

Lire aussi :
https://www.konbini.com/arts/julian-assange-a-lance-un-projet-de-crypto-art/

VERY FAST NEWS

Walter White jette une pizza sur un toit ●●● Lady Gaga débarque en bavette aux MTV Music Awards ●●● Le créateur du Segway meurt en Segway ●●● *Inception* sort et on n'a toujours pas tout compris ●●● l'iPad sort et nos parents sont heureux ●●● Zuckerberg est l'homme de l'année du *Times* alors qu'on apprend dans *The Social Network* de Fincher que le but de Facebook était de noter le physique des meufs de la fac ●●● Simone Veil entre à l'Académie française ●●● Ton petit cousin installe Angry Birds sur ton smartphone ●●● Stromae met la mélodie d'Alors on danse dans nos têtes ●●● On apprend à dire Eyjafjallajökull ●●● "Top Chef" fait découvrir le yuzu et les pickles à la France ●●● Katherine Bigelow remporte l'oscar de la meilleure réalisatrice pour *Démineurs* ●●● Vous vous souvenez du *Double Rainbow* ? ●●● On installe les premières applis de méditation ●●● Le tote-bag de bibli redevient cool surtout avec un logo dessus ●●● *Hiiiide your kids hiiide your wiffffe* ●●● Philippe Croizon traverse la Manche à la nage ●●● YouTube lance le *rewind* et ça y est, Internet, c'est comme la télé ●●● Arcade Fire est partout (surtout dans les playlists pour ton crush) ●●● Eminem revient encore une fois avec *Recovery* ●●● Leïla Bekhti et Géraldine Nakache remettent Véronique Sanson à la mode dans « Tout ce qui brille » ●●● On apprend à dire Ok Siri.

ED BANGER X KONBINI

À l'occasion du 7e anniversaire du déjà mythique label Ed Banger, Konbini suit Pedro Winter, Uffie, Breakbot, DJ Mehdi, Justice, A-Trak, So Me et toute l'écurie frenchy dans sa tournée outre-Atlantique. Sept épisodes cultes qu'on se repasse de temps en temps, ne serait-ce que pour Mehdi <3.

20

Révoltes
et réseaux sociaux

JR

Snapchat

... ou pas !

11

Nyan Cat

Orelsan

Game of Thrones

Les fans d'Apple

Manifestation “Occupy” à Vancouver, le 23 octobre 2011.

OCCUPY WALL STREET, OU COMMENT COMBATTRE L’INJUSTICE À L’HEURE DES RÉSEAUX SOCIAUX

À l'automne 2011, pendant cinquante-neuf jours, des manifestants s'installent dans un parc du quartier d'affaires de Manhattan : un nouveau modèle d'indignation collective est né.

"*We are the 99 percent*" : c'est le slogan qui marque les esprits quand, en septembre 2011, une poignée d'activistes s'installent au cœur du *Financial District* de New York pour rallier leurs pairs à leur cause anticapitaliste, l'Amérique, puis le monde, avec la naissance d'autres "Occupy" et du mouvement des Indignés. Les 99 %, ce ne sont pas les problèmes de Jay-Z, mais de nous tous, ceux qui ne font pas partie des ultra-riches, ces fameux 1 % restants.

Rapidement, avec l'aide de la couverture médiatique et les réseaux sociaux, le mouvement prend de l'ampleur, et cette Amérique qui souffre des disparités économiques et de la fin de la classe moyenne se retrouve, pour la première fois pour toute une génération, à s'inclure dans un combat social à la recherche de justice et de visibilité, lassée de l'espoir placé trois ans plus tôt dans l'élection de Barack Obama. Enfant direct de la crise des *subprimes* qui a explosé aux États-Unis en 2008 et bientôt contaminé le reste du monde, le mouvement Occupy est aussi une réponse aux promesses non tenues de contrôle des banques et de la finance. Trois ans plus tard, rien n'a bougé. La force du mouvement réside dans ses slogans et ses actions vieilles comme le monde, l'occupation statique de lieux de pouvoir, mais aussi dans l'usage des réseaux sociaux, qui, pour la première fois, apparaissent comme des outils puissants d'organisation collective et d'insurrections possibles.

Loin de New York, une autre étincelle collective vient en effet elle aussi de s'allumer quelques mois plus tôt. Et plus les mois passent, plus elle prend de l'ampleur : le suicide d'un jeune vendeur de légumes qui s'immole par le feu à Sidi Bouzid en décembre 2010 réveille une colère collective et trop longtemps réprimée qui explose d'abord en Tunisie, puis en Égypte et en Libye.

Là encore, les réseaux sociaux jouent un rôle prépondérant. Les États n'ayant pas encore tout à fait mis en place des systèmes de surveillance efficaces, ils permettent à la colère de s'organiser. On qualifie souvent le Printemps arabe de première "Révolution 2.0". Sur Twitter, sur Facebook, la jeunesse désenchantée tunisienne, égyptienne, syrienne partage ses combats, son quotidien et ses informations et prend conscience qu'un mouvement de masse et sans précédent est en train de se produire. Ils leur permettent de se rendre compte qu'ils ne sont pas seuls et de prendre conscience de leur nombre : l'effet domino est en marche. Le point commun de ces nouvelles indignations collectives ? Une fois de plus le pouvoir donné à chacun de mieux contrôler l'information avec son smartphone glissé dans la poche.

De ces mouvements sociaux naît l'impression que les réseaux sociaux ont un rôle politique à jouer, qu'ils peuvent être le lieu de l'émancipation et du savoir partagé. Une sorte d'âge d'or des réseaux que la fin des années 2010 se fera un plaisir de contredire. Car ce potentiel politique révélé par Occupy et les Printemps arabes n'échappe à personne. C'est aussi les balbutiements de l'usage des *fake news* propagées sur les réseaux sociaux pour casser ces mouvements, utilisant les mêmes mécaniques qui quelques années plus tard joueront un rôle capital dans l'élection présidentielle de Donald Trump.

Oups : la fois où Jay-Z a soutenu Occupy Wall Street… ou pas.

Hiver 2011, le monde a les yeux rivés sur les rues de New York où le mouvement Occupy bat son plein. Le monde entier, même Jay-Z, pourtant en pleine tournée avec Kanye West pour leur album commun «Watch the Throne» – celle où les deux ex-amis joueront leur tube «N***** in Paris» une bonne douzaine de fois lors de leur passage à Bercy. Le rappeur, ou plutôt sa marque de streetwear Rocawear, bien connue des amateurs de tenues XL, sort même un tee-shirt en soutien à la cause frappé d'un "Occupy Wall Street" en toutes lettres et vendu 22 dollars. En soutien ? Dans les mots car sur le papier, Rocawear n'a pas prévu de reverser un centime des ventes à la cause. Tollé, les soutiens du mouvement anti-capitaliste ne se laissent pas rouler dans la farine, et rapidement l'info fuite et fait les gros titres des journaux, à commencer par le très sérieux *Washington Post*. Quelques jours plus tard, le tee-shirt polémique est donc… retiré de la vente, sans un mot de plus de la part de l'équipe du roi de New York.

Lire aussi :
https://www.konbini.com/archive/occupy-wall-street-moma/

JR *lance son projet d'art participatif et mobile* **INSIDE OUT**

SNAPCHAT, L'APPLI QUI A RÉVOLU-TIONNÉ L'ENVOI DE NUDES

Snapchat, avec son petit logo fantôme, est le laboratoire du lol sur Internet. Enfin du lol, mais pas que... C'est aussi l'endroit où l'on envoie des nudes et où l'on achète des sandwichs.

Documenter notre vie quotidienne en stories nous semble évident, la fonctionnalité existant sur toutes les applications de réseaux sociaux. Mais il faut rendre à César ce qui lui appartient : c'est Snapchat qui a inventé le contenu éphémère, c'est Snapchat qui nous a appris à sortir nos smartphones pour capturer l'instant en diffusion immédiate.

Né à l'université de Stanford aux États-Unis, le concept de Snapchat est simple, il consiste à envoyer des "snaps", des photos qui s'afficheront seulement 10 secondes sur le smartphone du destinataire, et s'il effectue une capture d'écran, l'envoyeur est immédiatement prévenu. On comprend donc vite comment Snapchat a explosé, il est possible d'envoyer du contenu éphémère, intime, sans se faire pincer par la brigade de l'archivage. L'appli est donc un formidable jouet de drague discret, et en fait l'outil numéro uno quand il s'agit d'envoyer à son crush son meilleur nudes, après évidemment lui avoir demandé son consentement.

Mais en plus d'être cette messagerie éphémère, Snapchat devient rapidement un terrain de jeu pour les plus jeunes utilisateurs – 85 % ont entre 13 et 34 ans. Et plutôt que de s'échanger un 06 on préfère demander un "snap", adresse du compte de l'utilisateur. Snapchat est aussi l'appli la plus prisée dans les milieux les plus populaires, et devient, au même titre qu'une partie de Twitter, le lieu de naissance des mèmes les plus drôles de l'Internet francophone des années 2010. Plus un mème a de texte par-dessus et semble capturé par la caméra d'un téléphone ayant rencontré le sol un paquet de fois, plus il y a de chance que son origine soit les entrailles de Snapchat.

En parallèle des stories et de la messagerie, Snapchat est aussi une plateforme de diffusion pour les médias avec Discover, outil qui permet de toucher des utilisateurs absents des autres réseaux sociaux et des canaux plus traditionnels d'Internet.

En plus d'offrir toutes ces fonctionnalités, souvent reprises ensuite par d'autres applications, Snapchat a aussi offert le meilleur filtre des années 2010 : le filtre chien. Utilisé autant par mon petit neveu que par Kylie Jenner, il est le meilleur filtre jamais inventé, avec celui du hot-dog danseur, lui aussi né sur Snapchat.

Lire aussi :
https://www.konbini.com/arts/dysmorphie-snapchat-filtres-perception-de-soi-chirurgie-esthetique/

“Locution utilisée pour restreindre la portée de l’opinion qu’on vient d’exprimer, en indiquant que le contraire est aussi possible”… ou pas ! C’est la définition Wikipédia de ce tic de langage (et par extension de titres d’articles dans la presse) qui, à la manière du plus boomer encore “J’dis ça j’dis rien”, ponctue les conversations un peu ironiques du début des années 2010. Clairement, l’expression est surtout prisée par les darons et les profs d’EPS pour commenter l’actu à la machine à café, et bizarrement ou pas, on n’a pas vu le “… ou pas” s’imposer chez les cool kids ; prouvant une fois de plus la dure loi des expressions éphémères : elles finissent toutes inexorablement par devenir ringardes.

EN 2011, UN CHAT ARC-EN-CIEL-POP-TART-QUI-VOLE SE RETROUVE DANS LE TOP 5 DES VIDÉOS LES PLUS VUES DE L'ANNÉE SUR YOUTUBE

"Nyanyanyanyanyan-yanya !", le Nyan Cat vogue en pixels à travers le ciel pour annoncer que les mèmes seront le médium le plus important des dix années à venir.

Si vous êtes partageur de mèmes sur la dernière série du moment dans votre *groupchat* WhatsApp ou que votre petit cousin s'enjaille à Quoicoubeh avec votre grand-mère au dernier dèj de famille, c'est sans doute en partie grâce à un chat volant. Le Nyan Cat.

Bien sûr, Nyan Cat n'est pas le premier "mème internet", mais par sa puissance il est l'un des plus importants et marque le point charnière où ces blagues répétitives ultra-référencées à l'origine parfois cryptiques deviennent partie intégrante de la culture populaire.

Ce chat en pixel art, à la queue arc-en-ciel et au corps en pop-tart (un biscuit fourré très commun aux États-Unis), a d'abord été uploadé sur YouTube au printemps 2011, avec en fond une comptine pop japonaise ultra-entêtante. Vidéo qui finira donc dans le Top 5 des publications les plus vues sur la plateforme cette année-là.

En avril 2023, la vidéo originelle de Nyan Cat avait été vue 205 millions de fois sur YouTube.

Un succès à aussi surtout considérer en gif, médium star à l'époque, où chaque message sur les forums et autres messageries s'accompagne de ces images animées. En 2011, le Nyan Cat est partout, et il vole à votre secours pour que vos mèmes sur *The Office* puissent exister aujourd'hui.

Durant toute la décennie 2010, le merchandising autour du Nyan Cat a vécu de très belles années : peluches, jeux vidéo, applications et même une cryptomonnaie à base de Nyan Cat, le Nyancoin.

Et justement qu'est-il devenu, notre bon Nyan Cat ? Eh bah, figurez-vous que pendant la folie NFT de l'hiver 2021, le créateur du gif, un certain Chris Torres, a vendu le chat-arc-en-ciel original pour la rondelette somme de 300 ethéreums, soit un peu plus d'un demi-million de dollars. Ça valait le coup de voler.

Lire aussi :
https://www.konbini.com/techno/une-star-de-tiktok-vend-desormais-des-nft-de-ses-pets/

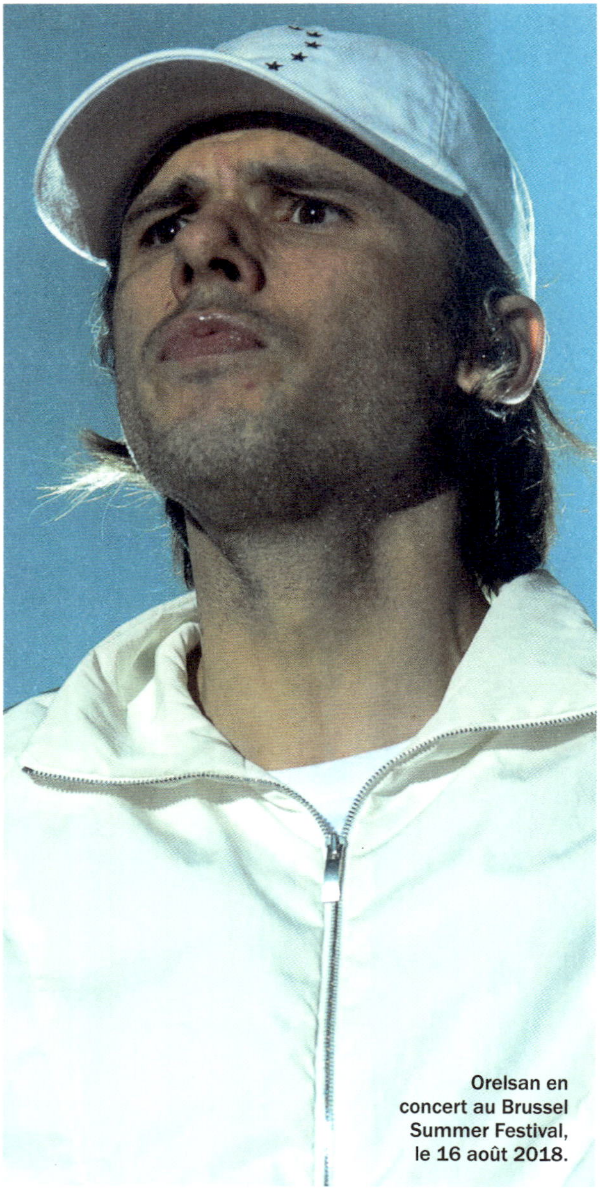

Orelsan en concert au Brussel Summer Festival, le 16 août 2018.

ORELSAN SORT *LE CHANT DES SIRÈNES*

Il est arrivé comme un ovni, dans un écosystème du rap déboussolé et à la peine, mais est depuis resté dans les mémoires.

Le Chant des sirènes, deuxième album d'Orelsan, est ce que l'on a pris l'habitude de décrire comme un "classique". Un disque qui a marqué son époque, une génération, et qui a laissé une trace à tout jamais dans les cœurs, les têtes et les discussions. Alors qu'on pensait Orelsan enseveli sous les polémiques, cet album aux sonorités nouvelles, déroutantes, signe le retour inattendu d'un artiste qui refusera de se laisser entraîner dans les ronces médiatiques. Il est aussi une réponse et un bouclier face aux tentations évitables, multiples et variées, et au célèbre "chant des sirènes" auquel il est parfois facile de céder – la médiatisation, le show-biz, les excès... Orelsan, devenu le temps d'un morceau "Raelsan", explore alors un tout nouvel univers. Pour cela, il s'isole plusieurs semaines à la campagne pour réfléchir et écrire. Oui, un peu comme dans la série documentaire *Ne montre jamais ça à personne*, réalisée par son petit frère Clément et diffusée en 2021, où l'on voit Orelsan prendre ses distances afin de trouver la sérénité et la paix intérieure suffisante pour donner vie à son dernier album *Civilisation* qui aura mis deux longues années à naître.

Si dans quelques-uns de ses premiers tubes, de ses premières chansons et quelques morceaux de son premier album *Perdu d'avance* (2009), certains titres ont pu voir le jour dans la vitesse et la précipitation, *Le Chant des sirènes* en 2011 est la première brique d'une nouvelle ère, d'une nouvelle dimension, dans laquelle Orelsan décide de s'imposer une rigueur, davantage de patience et beaucoup plus d'exigence qu'auparavant. Avec une recette simple : un peu de vérité, du vécu, mais aussi beaucoup de fictions qui viendront nourrir cet album et ceux des prochains à venir.

Que nous reste-t-il aujourd'hui de cet album pas comme les autres? Des souvenirs émus et des refrains chantés à tue-tête, qui hantent encore les soirées où la nostalgie vient s'amuser à gratter les mémoires. Parce qu'on l'oublie parfois, et même trop souvent, cet album n'est pas qu'une "renaissance", mais aussi une impressionnante collection de tubes : "Raelsan", "Suicide social", "Ils sont cool", mais surtout "La Terre est ronde", qui continuent de bercer les festivals et ses concerts, toujours remplis à ras bord, plus d'une décennie plus tard.

GAME OF THRONES

Dimanche 17 avril 2011 à 21h, le tout 1er épisode de *Game of Thrones* est diffusé sur HBO aux États-Unis et au Canada. Le générique d'une minute quarante-deux secondes déroule la cartographie du royaume des Sept Couronnes en full mode médiéval Fantasy. GG Ramin Djawadi pour ce morceau qui est resté dans nos têtes jusqu'en 2019 au moins.

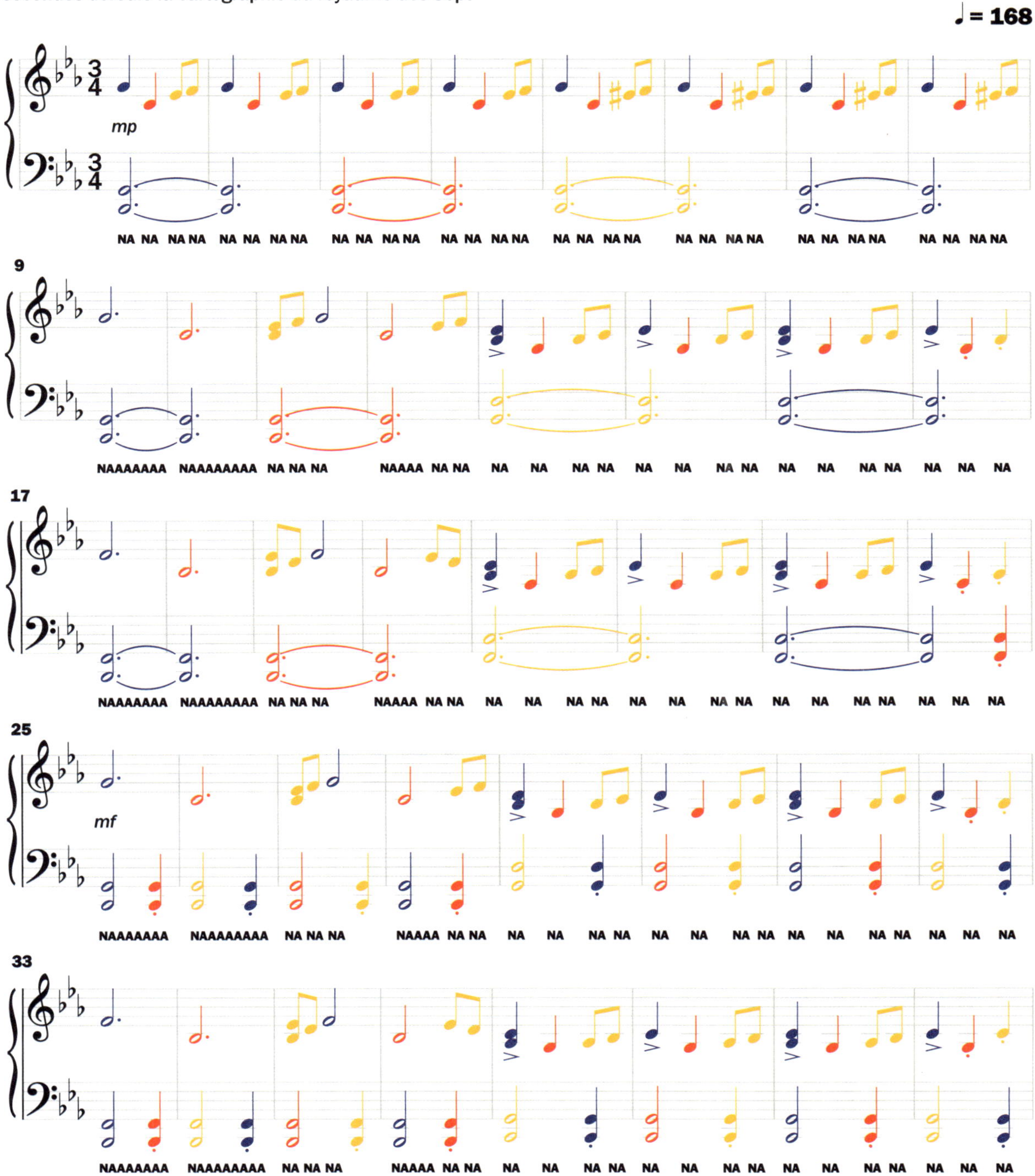

LES FANS D'APPLE EN DEUIL PARCE QUE STEVE JOBS VIENT DE MOURIR

"On perd un génie... Apple, c'est plus qu'un ordinateur, c'est un écosystème, une philosophie, un mindset pour réussir dans la vie. — Mais t'es au RSA, Hector!"

"One more thing..."

VERY FAST NEWS

Harry Potter est enfin diplômé de sorcellerie ●●● Le monde découvre la "Situation Room" de la Maison-Blanche pendant l'opération qui mène à la mort d'Oussama Ben Laden ●●● Adèle sort *21*, de l'âge qu'elle a en l'écrivant ●●● YouTube dépasse le milliard de vues par jour ●●● Accident nucléaire à Fukushima après un tremblement de terre ●●● Rebecca Black chante son amour du vendredi ●●● On est 2,5 milliards devant la télé pour le mariage de Kate et William ●●● Amy Winehouse meurt à 27 ans ●●● *Intouchables* s'offre 10 millions de spectateurs en un mois ●●● Les utilisateurs de 4chan ne se tripotent pas pendant un mois avec le "No Nut November" ●●● Myspace est revendu 16 fois moins qu'il avait été acheté par Rupert Murdoch ●●● Les Anonymous lancent des attaques informatiques contre les gouvernements des pays du Printemps arabe ●●● Ryan Gosling enfile son blouson scorpion dans *Drive* ●●● On découvre Nekfeu, l'Entourage et 1995 ●●● Ton petit cousin demande si t'as Temple Run sur ton téléphone ●●● Jay-Z et Kanye sortent "Watch the Throne" ●●● Un fonds d'investissement qatari rachète un petit club, le PSG ●●● La télé, c'est maintenant sur la TNT ●●● Mort de Maître Capello, on s'excuse d'ailleurs pour les coquilles dans ce livre ●●● On se fait tatouer un petit signe infini ? ●●● *Dooop dooop dooop doooopp di doooop Party Rock is in the houuuuuuse tonight.*

"I WANT TO SKATE"

La Gaîté-Lyrique déroule son tapis rouge au skate avec son événement "Public Domaine". À Konbini, on créé un format sur mesure – *I Want To Skate* – pour immortaliser l'événement parisien et interviewer les plus grands noms de la culture skate : Tommy Guerrero, Ray Barbee, Mark Gonzales, Natas Kaupas, Ill-Studio ou encore Lance Mountain...

20

"Moi président"

Klout

Kim Dotcom et le FBI

Le selfie de l'espace

12

Luka Rocco Magnotta

Malala Yousafzai

Yolo

François Hollande, aux Journées de Nantes, organisées par le *Nouvel Observateur*, La Cité, Nantes, le 19 janvier 2012.

“MOI PRÉSIDENT”

François Hollande

Avant l'influence, la mesure du cool a un nom un peu chelou : le Klout. Rien à voir avec une pâtisserie inventée dans une comédie française, mais avec un réseau social permettant de générer un score de "cool" selon la présence en ligne de l'utilisateur. Le Klout – qui se perdra en route au moment de la création des plateformes de réseaux sociaux où les pénis se mesureront à coup de milliers de followers – est la manière de flexer en ligne alors qu'en 2012, personne ne fait encore de gros sous en publiant sa vie sur le grand Internet. Bref, le Klout, c'est un peu l'argent Monopoly du cool, et plus vous en parliez, moins vous en aviez vraiment. Surtout quand il est l'heure du rendez-vous chez le banquier.

KIM DOTCOM ET MEGA-UPLOAD, HISTOIRE D'UN HACKER FAN DE JET-SKI

Kim Dotcom est un ovni de l'Internet, un gars au style et au destin de personnage de dessin animé, qui a marqué d'un sceau indélébile l'année 2012 quand, après des années de téléchargements, le FBI ferme son service MegaUpload.

Kim Dotcom durant une interview chez lui à Coatesville, Nouvelle-Zélande, le 18 janvier 2013.

Bon, déjà, vous vous en doutez bien, Kim Dotcom (qu'on peut traduire par Kim point com) ne s'appelle pas vraiment comme l'extension internet la plus connue. Non, le monsieur né au milieu des années 1970 en Allemagne s'appelle en fait Kim Schmitz, mais ça ne va pas l'empêcher de devenir une drôle d'icône d'un moment charnière de l'Internet, ou quand la piraterie – qui devait ne jamais être finie – a bien pris fin.

L'Allemagne, c'est pas la Silicon Valley, mais avec l'accès à l'Internet qui va pas vite "beeep boooop trrrrrrrr maman raccccroooooche le téléphooooone", Kim devient un pionnier d'un Internet différent, ce qui lui vaut d'être nommé l'un des "hackers les plus connus du pays" par le très sérieux magazine *Forbes*. Ses pairs, déjà à l'époque, le considèrent plutôt comme un "voleur de scripts". L'Internet n'en est qu'à ses balbutiements et Kim est déjà bien installé dans son rôle de personnage clivant.

Kim utilise la seconde moitié des années 1990 pour surfer sur la bulle des start-ups, se faisant un paquet de pognon plus ou moins bien acquis, et écope de sa première condamnation pour détournement de fonds en 2001. En parallèle, il est en train de devenir le beauf ultime qu'il rêve de devenir, remportant le Gumball 3000, la course de voitures sur route ouverte pour ultra-riches suivie par MTV.

Mais c'est en 2005 que Kim Dotcom lance un outil que tout le monde – faites pas genre "on sait" – a utilisé. Avant les solutions de streaming, MegaUpload permet de partager, en un clic, des fichiers de toutes sortes. Pourquoi MegaUpload explose ? Parce qu'il est possible d'y trouver tout ce que vous voulez sans passer par un protocole type torrent pour télécharger séries, albums et autres films, le tout gratuitement. La fortune de Kim explose, il émigre en Nouvelle-Zélande pour tenter de se trouver un coin pas très regardant sur les notions de copyright et change son nom pour Kim Dotcom.

C'est aussi le moment où tout Internet découvre un personnage excentrique, buveur de Monster et fan de sports mécaniques. En 2011, il s'offre même un spot de pub avec entre autres Kanye West, Puff Daddy et Jamie Foxx... Extravagant, bruyant, et surtout hors-la-loi, Kim Dotcom finit par se faire pincer lors d'une opération de police d'envergure, genre avec deux hélicoptères et les forces spéciales néo-zélandaises. Un peu de prison, un peu moins de téléchargements illégaux, Kim continue ses aventures, en moins médiatisé. Il lancera même en 2014 le parti Internet en Nouvelle-Zélande, sans jamais remporter d'élections.

En attendant, il aura participé aux succès en France et ailleurs de séries jamais diffusées sur le PAF, contribuant à créer des références communes à toute une génération de téléchargeurs illégaux, auxquelles leurs parents n'ont pas accès : le début d'une culture de niche qui permet à ceux qui savent de se reconnaître entre eux.

Le selfie viral du spationaute japonais **Akihiko Hoshide.**

LUKA MAGNOTTA, TUEUR CONNECTÉ À L'HEURE DE LA VIRALITÉ

Le 4 juin 2012, Luka Magnotta, en cavale, se fait pincer dans un cybercafé berlinois en train de googliser son propre nom. Deux semaines plus tôt, il démembrait le corps de Jin Lin, un étudiant chinois de 29 ans, lors d'un *date* fixé sur Craigslist. Un meurtre horrible uploadé en vidéo sur Internet sous le nom "*1 Lunatic, 1 Ice Pick*", en français "1 Fou, 1 Pic à Glace".

Un corps mutilé retrouvé dans une valise à peine dissimulée dans le local poubelle d'un immeuble de Montréal, des morceaux du même corps envoyés par la poste à destination d'écoles élémentaires de la région de Vancouver, et même un pied adressé au Premier ministre canadien. L'annonce au monde d'un des faits divers les plus sordides de l'ère internet remonte vite à un personnage fascinant et malade : Luka Magnotta.

Luka Rocco Magnotta, de son nom de naissance Eric Newman, mène en 2012, à presque 30 ans, une vie d'escort et d'acteur porno gay à la petite semaine. En quête de gloire et adepte de chirurgie esthétique, il ne peut pas compter sur ses apparitions à l'écran pour décrocher les gros titres.

La vidéo du meurtre de l'étudiant chinois de 29 ans Jin Lin montre en détail, pendant onze longues minutes, abus sexuels et cannibalisme. Cette vidéo, diffusée sur le site Bestgore.com, n'est pourtant pas le premier essai du tueur. Un an et demi avant "1 Lunatic, 1 Ice Pick", il uploadait sur le Web "1 Boy 2 Kittens" pour "1 garçon 2 chatons", vidéo où il donnait la mort à deux chatons et dont le nom est un clin d'œil à la vidéo porno scato virale uploadée en 2008 "2 Girls 1 Cup", vidéo qu'on vous déconseille aussi au passage. Une exécution de chatons qui donnera son nom au documentaire Netflix *Don't F**k With Cats*, docu qui retrace la traque menée par un groupe Facebook décidé à retrouver l'auteur de ce crime.

De l'amour d'Internet pour les chatons aux prémices de l'upload de vidéos mettant la lumière pour la première fois sur le deep Web, l'histoire de Luka Magnotta, aujourd'hui toujours incarcéré en quartier de haute sécurité au Canada, fait de l'assassinat de Jin Lin un cas d'école sur la trajectoire d'un fait divers banalisé par l'avènement de la culture internet.

Lire aussi :
https://www.konbini.com/biiinge/dahmer-pourquoi-les-tueurs-en-serie-nous-fascinent-toujours-autant/

“NOUS DEVONS DIRE AUX FILLES QUE LEURS VOIX SONT IMPORTANTES”

Malala Yousafzai

Acronyme de "*You Only Live Once*" (pour "On ne vit qu'une fois"), Yolo est juste le *Carpe Diem* en plus cool. Bisous aux latinistes. L'expression remonte aux années 1990, mais revient en force en 2011 avec le tube "The Motto" de Drake. Oups, Drake est le roi des expressions qui deviennent vite exaspérantes. Le Yolo est shortlisté pour être le mot de l'année 2012, avant de se faire coiffer au poteau par "gif" selon *The Oxford American Dictionnary*. Mais c'est dans un autre dico, le moins académique, *Urban Dictionary*, que Yolo trouve sa meilleure définition : "l'excuse des crétins pour justifier leurs actions stupides". La preuve, à l'automne 2012, le wannabe rappeur Ervin McKinness s'encastre en voiture après avoir tweeté : "Bourré à 200 à l'heure en driftant dans les virages, YOLO", preuve qu'on ne vit bien qu'une fois, et que ce n'est pas une raison pour se le faire tatouer sur l'avant-bras.

VERY FAST NEWS

Curiosity arrive sur Mars, il est bien seul-tou Felix Baumgartner saute depuis l'espace après avoir bu une boisson énergétique Ooopa Gangnam Style Y'a "The Voice" à la télé Ça fait beaucoup: Facebook passe le milliard d'utilisateurs Vous vous souvenez de Foursquare? Olivier Sarkozy + Mary-Kate Olsen = AESD *50 Shades of Grey* remet les fessées à la mode Whitney Houston est retrouvée morte dans sa baignoire Une mamie restaure une peinture du Christ en Espagne (ça tourne mal, mais c'est très drôle) Le monde découvre Lana del Rey, Frank Ocean et Lorde Madonna pécho Brahim Zaibat On dit adieu à Jean-Luc Delarue Le meilleur James Bond, *Skyfall*, est au cinéma Jean Dujardin remporte la statuette la plus stylée à Hollywood pour son rôle dans *The Artist* On théorise le "slutshaming", et on est déjà bien contre *Les Avengers* arrivent au ciné Carly Rae Jepsen nous file son 06 Les cours d'école sifflent les notes de *Hunger Games* HBO présente *Girls* Kodak fait faillite parce qu'on a des smartphones Disney rachète Lucasfilm Justin et Selena, c'est finito pour la première fois Kylie Jenner arrive sur Insta Snoop Dogg devient Snoop Lion mais fume toujours autant Ah et ça devait être la fin du monde selon le calendrier maya.

ORELSAN X KONBINI

Bien avant "Ne montre jamais ça à personne", on sort la série "À plus dans l'bus", huit épisodes au plus près d'Orelsan en préparation de sa tournée. Un bus donc, des répètes, des vannes, des fous rires, des fans et surtout des séquences exceptionnelles pour ceux qui, comme nous, ne cesseront jamais de suivre Orel.

20

Le Harlem Shake
Black Lives Matter

“Non, mais allô quoi”
Vine

13

Le mariage pour tous

Tinder

Les Normcore

Edward Snowden

DO THE HARLEM SHAKE : L'HISTOIRE DU PREMIER CHALLENGE D'OPEN SPACE

Mai 2012, Diplo sort sur son label Mad Decent un morceau qui va rendre fou le monde entier. "Harlem Shake", du jeune producteur originaire de Philadelphie Baauer. Un sample, une danse, et un mème viral qui prend Internet par surprise quelques années avant l'évidence des challenges TikTok.

Petit tube dès sa sortie dans le milieu des amateurs de dutch house – le mouvement électro du moment toutes sirènes à fond –, ce n'est que début 2013 que "Harlem Shake", morceau pompier produit par Baauer dans sa chambre de Williamsburg à Brooklyn, prend son envergure mondiale.

Dans une vidéo uploadée sur YouTube en janvier 2013 sur la chaîne DizastaMusic, un individu danse le fameux Harlem Shake, remuant son cul et ses épaules, pendant une trentaine de secondes, le temps de la montée du morceau. Pendant ce temps, les autres individus dans la pièce restent impassibles. Le drop tombe, cut caméra, et c'est toute la pièce qui se met furieusement à danser.

Un mois plus tard, le 11 février, la plateforme YouTube compte déjà 12 000 vidéos de Harlem Shake reprenant le même concept. Trois jours plus tard, le 14 février, c'est 40 000 vidéos, pour un total de 175 millions de vues – un chiffre énorme pour l'époque – qui tournent sur la plateforme.
Pas un open space, pas une start-up, pas une bande de potes, pas un EVJF ne passe sous le radar de ce challenge qui va paver le concept même de viralité pour les dix prochaines années.

Mais Baauer, loin d'imaginer que son petit hit prendrait ces proportions, n'a évidemment pas "clearé" le sample du morceau de Plastic Little, origine même de la fameuse danse du Harlem Shake, popularisée à Harlem dans les 80's par un certain Al B et reprise par P. Diddy dans les 90's. Oui, tout n'est que recyclage.

De ses cinq semaines au sommet du Billboard, le jeune producteur a tout de même continué une belle carrière, et son nom rime toujours avec ce drôle d'événement collectif, sorte de premier mème vidéo de danse.
Un phénomène qu'on verra se répéter en 2016 avec le Mannequin Challenge sur le "Black Beatles" des frères de Rae Sremmurd, et qui deviendra quelques années plus tard la norme pour tous les tubes accélérés sur l'omniprésente plateforme TikTok.

Lire aussi :
https://www.konbini.com/arts/5-challenges-creatifs-a-faire-chez-vous-pendant-le-confinement/

Harlem Shake à New York, le 17 février 2013.

“BLACK PEOPLE. I LOVE YOU. I LOVE US. OUR LIVES MATTER”

Alicia Garza – activiste

“T’es une fille, t’as pas de shampooing ? Non, mais allô quoi” : une dizaine de mots seulement auront suffi à lancer la carrière de Nabilla Vergara. Face caméra, installée dans le confessionnal de la téléréalité des “Anges”, elle s’affiche avec son vocable bien à elle, très vite repris en effet boule de neige. D’un côté pour se moquer sur les plateaux télé, et d’un autre côté très organique dans les cours de récré. D’une expression anodine sortie de son contexte – il était question d’une liste de courses des autres colocataires – la candidate devient un mème en quelques heures. Nabilla lance involontairement son personnage, et sur un gimmick elle se construit une des plus belles carrières de l’entertainment.

VINE : UNE BOUCLE DE SIX SECONDES QUI RÉVOLUTIONNE L'HUMOUR INTERNET

Une vidéo qui tourne en boucle ? Avant l'évidence TikTok, il y avait Vine. Passé inaperçu pour certains, c'est pourtant sur ce drôle de réseau social que de nombreuses carrières ont débuté.

Logan Paul, le 15 juin 2019.

Née en 2012, l'appli Vine, rapidement rachetée par Twitter, est un réseau social permettant de shooter, d'éditer et de partager des vidéos très courtes. Des boucles de six secondes, poussant ses utilisateurs à explorer la créativité dans un cadre plutôt rigide. Six secondes d'attention pour faire rire, parfois pleurer, et capter l'attention du spectateur.

Rapidement, Vine devient la source des vidéos virales tournées à l'iPhone 6. En France et aux États-Unis, des stars naissent grâce à ces boucles de quelques secondes qui se partagent comme des mèmes. Outre-Atlantique, c'est le moment où le nom de Logan Paul apparaît, où les “maisons de créateurs”, sortes de fermes à contenus viraux, apparaissent, et où un certain Jérôme Jarre est carrément invité aux Oscars pour couvrir le tapis rouge.

En France, c'est sur Vine que naissent entre autres les carrières de Mister V ou Freddy Gladieux, dont les compils de courtes vidéos à l'humour direct et absurde continuent de faire les beaux jours en reupload sur YouTube. En reupload, parce qu'en 2017, alors que la vidéo sur Internet est justement partie sur d'autres plateformes et explore de nouveaux formats sur YouTube, Instagram ou Snapchat, Vine est fermé par Twitter.

Le cadre de Vine a donné les clés à toute une génération d'humoristes pour apprendre à écrire leurs blagues. Et si aujourd'hui l'humour sur Internet, TikTok en tête, tourne toujours en courtes vidéos, toute une frange de créateurs de contenus français et internationaux doit sa réussite à cette drôle d'appli, Vine, petit ange parti trop tôt.

Lire aussi :
https://www.konbini.com/popculture/souvenez-vous-quand-mister-v-et-nekfeu-nous-regalaient-sur-vine/

Logan Paul, de Vine au MMA

Aux États-Unis, Vine rime avec Logan Paul. Alors qu'il lâche l'école au moment où il commence à percer sur l'appli, il est le premier à rejoindre une maison de créateurs de contenus à Los Angeles. Aujourd'hui engagé dans une carrière de catcheur, il est aussi celui qui a acheté la carte Pokémon la plus chère de l'histoire ou qui a, oupsy, filmé un cadavre dans la forêt des suicides, lieu un brin maudit du Japon, avant de publier le tout sur sa chaîne YouTube.

23 avril 2013 : *adoption définitive du mariage pour tous par l'Assemblée nationale.*

Vincent Autin
et Bruno Boileau signant
le registre de mariage,
à Montpellier, le 29 mai.

tinder™

SWIPER POUR CHOPER, SWIPER POUR AIMER : UNE PETITE HISTOIRE DE TINDER

En 2013, Instagram n'est encore qu'une appli de photos de couchers de soleil, alors pour pécho, certains utilisent des sites de rencontres. Une appli, géolocalisée et réciproque, va révolutionner la drague avec un concept simple : swiper.

Si se rencontrer sur Internet est devenu une évidence, au début des années 2010, le concept peut encore faire sourire. Bien sûr qu'on a pécho sur Myspace, bien sûr qu'on a pécho sur Facebook, bien sûr qu'on a pécho en commentaires Blogspot, mais de là à avoir une appli 100 % dédiée à la recherche de l'amour…

Tinder est la première app que tous les célibataires ont dans la poche ; contrairement à ses ancêtres Match ou Meetic de notre côté de l'océan, la démarche de s'inscrire ne demande pas à se poser bien longtemps pour créer un profil. Fin 2013, l'appli revendique plus de 350 millions de swipes quotidiens. Millions qui atteindront le milliard un an plus tard, un milliard de swipes qui se transforment en 12 millions de "matchs". De quoi organiser un paquet de *dates*.

Le concept de Tinder est simple, en se géolocalisant avec un profil comprenant quelques photos et une courte bio, on peut voir les profils des autres utilisateurs et les swiper. Vers la droite si le profil plaît, vers la gauche si c'est un *no go*. Si l'utilisateur glissé vers la droite a lui aussi swipé du même côté sur votre profil, l'appli vous prévient qu'un "match" est déclenché, et il est possible de discuter avec le profil liké par messagerie instantanée.

S'ensuit un nouveau sport olympique pour les célibataires : les *dates* Tinder. Le mot *date*, piqué au modèle américain de rencontre qui consiste à aller boire un verre, dîner ou aller au ciné, arrive d'ailleurs dans le vocabulaire des Français en même temps que l'explosion de l'appli de rencontres. Le rencard est devenu un *date*, et on peut les enchaîner, sans engagement, parce que sur Tinder, on ne cherche pas que l'amour.

En 2015, une étude annonce d'ailleurs que 44 % des Français déclarent avoir déjà eu un rapport sexuel dès le premier rendez-vous. Un chiffre à prendre avec des pincettes, mais en constante évolution sur l'Ifop. En un peu plus de dix ans, Tinder et ses concurrents, de Bumble à Grinder, peuvent se targuer d'avoir révolutionné la drague et les contacts humains. La preuve, au printemps 2023, selon une étude de l'université de Stanford, 40 % des nouveaux couples américains se seraient trouvés *via* une application de rencontres.

Lire aussi :
https://www.konbini.com/techno/fini-les-cachotteries-on-sait-quel-signe-astro-se-la-pete-le-plus-sur-tinder/

Bella Hadid, Virgil Abloh et Kendall Jenner, au défilé Off-White le 1er janvier 2012.

"VIRGIL WAS HERE"

Les baskets les plus convoitées du XXIe siècle et une nouvelle vision du luxe, Virgil Abloh définit à lui seul le streetwear roi des années 2010.

En 2012, Virgil Abloh met la main sur un deadstock de chemises Ralph Lauren. Il les frappe du nom de sa marque du moment, Pyrex Vision, et du numéro 23, hommage à Michael Jordan. Rien de plus normal pour un kid de Chicago. Chaque chemise est ensuite revendue 550 dollars.

De ce coup magistral, celui qui est déjà à l'époque créateur artistique de l'entité Donda de Kanye West – il vient de signer l'identité visuelle de son album commun avec Jay-Z, *Watch the Throne* – donne naissance à Off-White, marque protéiforme installée à Milan qui pavera la voie dorée de Virgil Abloh dans le monde de la mode.

"Nous étions une génération intéressée par la mode, mais nous n'étions pas supposés être ici", partageait très justement le natif de Chicago au magazine *W* en 2009. Celui qui quelques années plus tard apportera son identité à la collection Nike la plus convoitée des vingt dernières années a toujours flirté avec le monde de l'art et de la mode en y insufflant sa vision streetwear, dans le sens le plus noble du terme.

À lui seul, Virgil Abloh théorise et applique ce qui deviendra l'évidence en seulement quelques années ; l'arrivée et l'hégémonie du streetwear dans les maisons de luxe. En 2018, il est propulsé directeur artistique de la maison Vuitton, succédant à son mentor Kim Jones. Il meurt en 2021 des suites d'un cancer à l'âge de 41 ans.

"VIRGIL WAS HERE", c'est quelques mois plus tard le slogan dessiné par des drones lumineux dansant au-dessus du défilé posthume de celui qui aura invité, avec évidence et talent, le streetwear sur les podiums des *fashion weeks*.

Le 9 septembre 2017 le petit monde des amateurs de baskets est sur le qui-vive : "The Ten", le drop des dix paires de sneakers designés pour Nike par Virgil Abloh sous sa marque Off-White va être en ligne d'une minute à l'autre. Pour pouvoir obtenir la précieuse relecture de l'Air Jordan 1, toujours un clin d'œil à Michael Jordan et aux couleurs des Bulls, il faudra être vif sur l'application Snkrs lancée par Nike en 2015. Dans les bureaux de Konbini, ce jour-là, malgré de fausses réunions calées sur l'horaire présumé de la mise en vente, personne ne décroche le graal. Quelques heures après le drop, les paires vendues initialement 190 euros se négocient déjà plusieurs milliers de dollars sur les applications de revente.

Lire aussi :
https://www.konbini.com/arts/avec-le-louvre-virgil-abloh-lance-une-collection-en-lhonneur-du-peintre-leonard-de-vinci/

LES NORMCORE

Tu bosses en agence dans le Xe et tu connais un gars qui connaît un gars qui était en studio pour l'enregistrement de *Yeezus* à Paris.

EDWARD SNOWDEN, LE LANCEUR D'ALERTE SORTI D'UN FILM D'ESPIONNAGE

En mai 2013, Edward Snowden atterrit à Hong-Kong. L'Américain divulgue dans la foulée des documents classifiés de la NSA à une poignée de grands médias. Une histoire d'espionnage avec un mec normal.

Installé à Hawaï, en couple, Edward Snowden est employé pour une boîte informatique qui ne fait pas que dans les fichiers Excel. Consultant en intelligence, il a accès à des documents classifiés de la NSA, pour National Security Agency, l'agence la plus secrète du gouvernement américain. Il y découvre un système de surveillance massif exercé par les services secrets américains et britanniques sur tous les systèmes de télécommunication. Il estime alors qu'il ne peut pas garder ça pour lui.

Un jour du printemps 2013, il prend deux semaines de congé prétextant des examens médicaux. Pas de passage sur le billard, Edward Snowden est en fait en route pour Hong-Kong, où, d'une chambre d'hôtel, il dévoile à des journalistes du monde entier toute une série de documents secrets.

Contrairement à de nombreux lanceurs d'alerte avant lui, Snowden décide de ne pas rester anonyme. En juin 2013, son passeport américain est révoqué et il est accusé d'espionnage et de vols de documents par le gouvernement US. Deux jours plus tard, il s'envole pour Moscou, où il finit par obtenir l'asile et même la nationalité russe en 2022. Un pays lui non plus pas avare en surveillance généralisée.

Edward Snowden à Hong-Kong, le 6 juin 2013.

Depuis la Russie, il continue son engagement et est depuis 2016 président de l'ONG Freedom of the Press Foundation, chargée de venir en aide aux journalistes pour déjouer les surveillances gouvernementales et les attaques informatiques.

Lire aussi :
https://www.konbini.com/archive/edward-snowden-ironise-sur-la-pretendue-defense-des-lanceurs-dalerte-de-francois-hollande/

Un Oscar pour son histoire

"Laura, à ce stade, je ne puis t'offrir que ma parole. Je suis cadre pour les services de renseignement gouvernementaux. J'espère que tu comprends à quel point il est dangereux de te contacter." Signé : "Citizenfour". C'est sous ce pseudonyme qu'Edward Snowden contacte Laura Poitras, journaliste spécialisée dans la surveillance de masse, pour lui livrer ses informations top secret et ultra-confidentielles sur la surveillance exercée par les services secrets américains. C'est aussi ce nom que Laura Poitras utilise pour son documentaire sur l'histoire d'Edward Snowden qu'elle est allée rejoindre à Hong-Kong. Un documentaire haletant et oppressant qui révèle les motivations d'un homme habité par une mission et prêt à se sacrifier pour l'accomplir. En 2015, alors qu'Edward Snowden est considéré comme un criminel par la justice américaine, *Citizenfour*, de Laura Poitras, remporte l'Oscar du meilleur documentaire.

VERY FAST NEWS

Orange is the New Black remet les survêts gris chinés à la mode • Cochon danseur qui pleure : c'est la fin de MSN • Ma maman installe WhatsApp • Oh, Abercrombie & Fitch est grossophobe • Y'a un gros plug gonflable place Vendôme • Merci pour ce moment • On entend "Libérée Délivrée" dans les carrés famille SNCF • Avouez, vous avez acheté un tee-shirt Eleven Paris avec une petite moustache • On se faceswap sur les réseaux sociaux • Un *Balloon Dog* de Jeff Koons se vend 58,4 millions de dollars chez Christie's • Fini le riz, on a enfin un smartphone waterproof • Des *dudes* éméchés emmènent Serge le lama faire une balade en tram • Création de GeoGuessr • *La Vie d'Adèle* remporte la Palme d'or à Cannes • Miley Cyrus est en roue libre • Nelson Mandela nous quitte • Leonardo DiCaprio gobe des Quaalude dans *Le Loup de Wall Street* • Grumpy Cat est le mème de l'année • Jennifer Lawrence rate une marche en allant récupérer son Oscar • Ton petit cousin demande si t'as Flappy Bird sur ton téléphone • On danse sur "Blurred Lines" et ça n'a pas très bien vieilli • Les New-Yorkais font la queue pour les cronuts de Dominique Ansel • On bingewatch *Peaky Blinders* et Rick et Morty • Le pape arrive sur Twitter • "Selfie" et "twerk" entrent dans le dico.

A$AP ROCKY SUR KONBINI

Le désormais légendaire Riri's boyfriend A$AP Rocky joue le jeu de notre format : The Auto Interview. Le principe est simple, on lui envoie des questions, des défis et il y répond en se filmant lui-même avec son téléphone et ça, bien avant l'arrivée des stories Insta ! Pour info, l'auto-interview de Pusha T est toujours en ligne.

20

Ghosting
Alexa

Le clip Happy de Pharrell
L'affaire Fappening

14

Stromae

Fauve

Netflix

Tumblr

On l'a tous fait, oublier quelqu'un dans les limbes en le laissant en vue puis en disparaissant, en blocage ou en ignorance, dans nos boîtes de réception des applications de messagerie instantanée. Le "ghosting", c'est donc enfiler son drap de fantôme et disparaître d'une relation amicale ou sentimentale, du jour au lendemain, subitement, pour toujours – ou jusqu'à une prochaine apparition telle une autre sorte de fantôme revenu d'outre-tombe. Expression popularisée en parallèle de l'explosion de l'utilisation des applis de rencontre, ghoster quelqu'un n'en reste pas moins un comportement franchement toxique. Dites au revoir, ou même adieu, mais expliquez-vous, c'est quand même plus sympathique, on s'était roulé des pelles, quand même !

ALEXA, METS “CHANDELIER” DE SIA. — OK, J’AJOUTE DES NAVETS SUR LA LISTE DE COURSES.

En 2014, les robots s’invitent chez nous et dans nos téléphones. Alexa ou Siri, les voix synthétiques débarquent. Pour le futur avec des voitures volantes, il faudra encore un peu attendre, mais ces assistants sont de parfaits minuteurs parlants pour la cuisson des pâtes.

Pouvoir demander, à la voix, des additions, des requêtes Google ou de caler une réunion, l’arrivée des assistants est le gimmick tech du milieu des années 2010. Après l’implantation de Siri dans nos iPhone, ce sont les enceintes connectées qui s’imposent dans les intérieurs des foyers du monde entier. La promesse de ces petits objets? Nous faciliter le quotidien en passant au morceau suivant d’une playlist alors qu’on a les mains prises, savoir à quelle heure commence “Top Chef” ou simplement demander en quelle année est né Jean-Pierre Foucault. Malgré une utilité qu’on peut admettre limitée, les petites enceintes, commercialisées par Amazon ou Google, s’arrachent comme des petits pains. La preuve, en 2023, Amazon aurait passé la barre du demi-milliard d’objets connectés vendus incluant son assistant Alexa.

Si l’arrivée de ces aides vocales incarnées est une véritable innovation technologique, ces petites intelligences artificielles sont aussi des portes d’entrée dans nos foyers pour les multinationales qui les commercialisent. Les assistants personnels posent des questions inédites: le fait qu’iels aient toutes des voix féminines est-il sexiste? (La réponse est oui.) Faut-il obliger les enfants à dire “s’il te plaît” ou “merci” à des assistants virtuels pour ne pas leur donner l’habitude d’exiger des choses sans correctement les demander? Est-ce que ça ne leur rend pas encore plus floues les frontières entre robots et humains? Alexa, Siri et Google nous écoutent-ils? C’est en tout cas le ressenti de nombreux utilisateurs. En 2019, dans une enquête du *New York Times*, s’il n’est pas montré par a+b que nos colocs robots utilisent les données qu’ils récoltent, il est cependant prouvé que leurs oreilles restent allumées en permanence.

“Amazon, can we have our name back?”

Le 29 décembre 1985, la femme du chanteur Billy Joel, la mannequin Christie Brinkley, donne naissance à leur fille Alexa. Le prénom gagne immédiatement en popularité et en 2021, 130 000 personnes portent ce prénom, rien qu’aux États-Unis. Mais la courbe de *hype* des bébés nommés Alexa chute à l’arrivée de l’assistant d’Amazon dans nos foyers et dans la culture populaire. En 2021, le *Washington Post* publie une tribune titrée “*Amazon, can we have our name back*?”, soit “Amazon, peut-on récupérer notre prénom?”, article compilant les témoignages d’individus nommés Alexa, une génération victime de blagues constantes avec la nette impression de s’être fait dérober leur patronyme.

JPP

Lire aussi:
https://www.konbini.com/archive/alexa-lassistante-intelligente-damazon-doit-elle-etre-plus-feministe/

Pharrel Williams au festival
de l'île de Wight en 2008.

C'EST L'HISTOIRE DE PHARRELL WILLIAMS, D'UN MINION ET DE MA GRAND-MÈRE

Pharrell Williams, c'est pas n'importe qui. Mais pour votre grand-mère, votre petit cousin, votre coach sportif et votre boulanger, en 2014, c'est le mec avec un chapeau du clip des Minions.

En 2014, les Minions, petits bonshommes jaunes de la saga *Moi, moche et méchant*, ne sont pas encore une base de mèmes pour des groupes Facebook un peu douteux. Non, en 2014, ils sont depuis quelques mois à l'affiche du deuxième volet de la saga imaginée par le studio Illumination. Dans *Moi, moche et méchant 2*, le héros, Gru, s'adoucit pour enfin tomber amoureux. Pour illustrer ce printemps des cœurs, c'est Pharrell Williams qui s'y colle. "Happy" est né et va littéralement rouler sur les charts.

Pharrell Williams, en 2014, est déjà une star. Le producteur des Neptunes est même déjà à l'affiche du tube de l'été précédent, le fameux "Get Lucky", en compagnie des Daft Punk. Mais "Happy" finit d'enfoncer le clou et consacre Pharrell comme un pilier de la culture mainstream. En 2014, votre belle-mère connaît Pharrell, votre garagiste connaît Pharrell, bref, tout le monde connaît Pharrell.

En plus de casser les scores en streaming et en radio, c'est le clip de "Happy" qui accompagne la chanson qui va faire du tube un phénomène. Dirigée par les Frenchies de We are From L.A., la première version de la vidéo est diffusée sur un site interactif compilant 24 heures de prises de vue shootées aux quatre coins de Los Angeles avec brochette de stars, de Tyler The Creator à Steve Carrell en passant par Magic Johnson.

Mais ce n'est pas la pluie de stars qui impose "Happy" *ad nauseum* sur les feeds Facebook du monde entier, c'est la reprise, en flashmob, du concept de la vidéo. On danse "Happy" dans les Ehpad, on danse "Happy" dans les écoles, on danse "Happy" dans les mariages, on danse "Happy" dans les vidéos de présentation de start-up, on danse "Happy" en meetings politiques et on danse même "Happy" au supermarché pour des belles vidéos de team-building. Mi-cultes mi-gênantes, ces reprises de "Happy" divisent le monde entre ses adorateurs et ses haters, et sonnent l'avènement des flashmobs en vidéo.

Un milliard de vues plus tard, plus personne, y compris Pharrell Williams, ne peut entendre "Happy" sans une once de syndrome post-traumatique, mais les Minions, eux, sont toujours là.

Pharrell le Français

Un clip par un duo de Français? Ce n'est pas la seule fois où Pharrell Williams a joué l'amitié franco-américaine. On se souvient évidemment de la collaboration tubesque avec les Daft Punk, mais c'est surtout par le premier manager des robots, Pedro Winter *alias* Busy P, que Pharrell souffle à l'oreille des Français. Un feat avec Orelsan? C'est Pedro qui a filé le 06. Pharrell spotté avec un vinyle sous le bras devant la maison Louis Vuitton où il vient d'être nommé directeur artistique pour succéder à Virgil Abloh en février 2023? C'est celui de Varnish La Piscine, signé sur Ed Banger… le label de Pedro.

Lire aussi:
https://www.konbini.com/popculture/la-folle-histoire-derriere-le-chapeau-de-pharrell-williams-signe-vivienne-westwood/

THE FAPPENING : OÙ COMMENT INTERNET A APPRIS À ENVOYER DES NUDES SANS MONTRER SON VISAGE

Après des mois d'enquêtes, plusieurs des hackers impliqués dans "The Fappening", dont certains âgés d'à peine plus de 20 ans au moment des faits, écopent de peines allant jusqu'à dix-huit mois de prison ferme.

Mi-2014, 400 clichés de photos nues de célébrités sont diffusés sur Reddit et 4chan à leur insu. Un hack d'envergure baptisé "The Fappening" pour lequel plusieurs hackers prendront de la prison ferme.

"Euh, y'a des nudes de Jennifer Lawrence en tendance sur Twitter." C'est par ce biais que le commun des mortels apprend l'existence de "The Fappening", un hack de comptes iCloud privés de centaines de célébrités. "The Fappening", qu'on pourrait traduire en français par "La Branlarrive", c'est le jour du grand onanisme sur des photos volées et diffusées en grande majorité sur Reddit et le forum 4chan, bien connu pour héberger le pire de l'Internet et être le laboratoire des mouvances les plus extrêmes qui marqueront le monde politique et social de la fin des années 2010. Le tout sous couvert de partage de mèmes.

Ces photos, de Jennifer Lawrence, de Rihanna, de Selena Gomez et d'une centaine d'autres personnalités – quasiment uniquement féminines –, les hackers les ont obtenues en s'infiltrant illégalement dans plus de 200 comptes iCloud *via* une méthode de phishing, et ce afin de récupérer à chaque fois les mots de passe des différents comptes.

Aussi connu sous le nom de "Celebgate", ce leak est le premier d'une aussi grande envergure à l'ère de l'iPhone 5, un moment qui coïncide aussi avec l'explosion de l'envoi de selfies dénudés lié à l'essor des applis de rencontres.

"Règle numéro 1 : jamais le visage"

C'est le conseil donné par une collègue de Konbini au moment où "The Fappening" est le sujet de discussion à la machine à café dans les jours suivant le leak. Dans un article diffusé sur le site après les faits, avant l'ère Snapchat et les messages éphémères, Konbini partageait d'ailleurs ses commandements pour envoyer une photo olé olé sans risques. Outre l'évident consentement, règle numéro 1 de l'envoi de pièges à soif sans se prendre les pieds dans le tapis, le leak ajoutera une deuxième règle essentielle pour préserver sa santé mentale : désactiver son cloud.

Lire aussi :
https://www.konbini.com/archive/apres-de-nombreux-debordements-reddit-coupe-les-forums-de-laltright/

Stromae *enchaîne les millions d'écoutes, et met d'accord toutes les générations avec son style unique entre musique électronique et mélodies pop.*

Paul Van Haver aka Stromae.

Fauve en concert aux Eurockéennes de Belfort en 2013.

“NIQUE SA MÈRE LE BLIZZARD”

Fauve

TUDUM : NETFLIX ARRIVE (ENFIN) EN FRANCE

Omniprésent, des boutons de nos télécommandes télé aux discussions à la machine à café, Netflix semble avoir toujours été dans nos vies. Pourtant, la solution de streaming qui a inventé le binge-watching n'arrive en France qu'en 2014.

Les millennials ont grandi avec un endroit très étonnant : un magasin, en centre-ville, qui louait pour le week-end de drôles d'objets rectangulaires, les VHS, ou cassettes vidéo. K7 remplacées ensuite par les DVD. Et ces DVD, ce sont eux qui vont faire naître Netflix aux États-Unis. Parce que oui, avant de devenir le service de streaming le plus puissant du monde, Netflix a commencé en 1997 en étant un service de location de DVD par la poste. Mais alors, comment une entreprise très 1.0 a donné vie à peine dix ans plus tard au géant qu'on connaît ?

En 2013, alors que le service de streaming n'est pas encore disponible en France, Netflix se lance dans la production de séries. Avant, les services de diffusion achetaient aux *networks* américains leur production, mais la donne change avec *House of Cards*, blockbuster qui permet à Netflix d'engranger les abonnements outre-Atlantique. Pour la petite histoire, un an avant le lancement français de la plateforme, c'est Canal+, en France, qui diffusera la série.

À l'automne 2014, c'est donc le grand lancement français. Jusque-là, les amateurs de séries se tournaient principalement vers le piratage pour pouvoir consommer les productions américaines sans attendre une éventuelle diffusion télé. Et c'est là la force de Netflix : simplifier les usages. Installé rapidement sur les box et les télés, et évidemment les ordis, l'accès aux contenus proposé par la plateforme révolutionne le 21 heures des Français. Netflix devient en quelques mois indispensable pour rester à jour des discussions entre amis et au boulot.

Avoir vu la dernière série, et vite, pour ne pas se faire spoiler ? C'est aussi le moment où naît l'expression *binge-watching*, pratique consistant à avaler d'un coup toute une série, en un dimanche enroulé dans un plaid. Chez Konbini, c'est d'ailleurs l'expression qui donne naissance à Biiinge, le site dédié aux séries, qui sera lancé au printemps 2015.

Strangers Things, *Mercredi*, *Squid Game*, et des dizaines d'autres séries, Netflix s'impose comme LE diffuseur majeur et révolutionne le game de la consommation de films et séries, et devient un pilier de la culture populaire. D'ailleurs, qui n'a jamais prétexté la sortie d'une nouvelle série pour proposer un date qui finira on l'espère en "Netflix and chill" ?

Lire aussi :
https://www.konbini.com/popculture/attendez-netflix-louait-encore-des-dvd-par-la-poste/

tumblr.

DU CUL, DU LOL ET DU BEAU : TUMBLR EST LE MEILLEUR ENDROIT D'INTERNET

Quel réseau social peut se targuer d'avoir créé l'esthétique de toute une génération ? À coups de gif, de likes et de billets de blogs, Tumblr a marqué Internet de son empreinte du cool.

Se logger et découvrir si notre dernier post a eu de l'engagement, c'est la magie, sur l'ordinateur familial, de toute une génération. Avant les notifs à tout-va et l'évidence des likes et des upvotes sur nos smartphones, le réseau social sous forme de mini-blogs stylisés Tumblr, né au milieu des années 2000, continue d'être la cachette réconfortante de toute une frange d'utilisateurs des réseaux sociaux.

Ces utilisateurs, ce sont ceux qui kiffaient faire des mixtapes aux collègues, ceux qui chérissaient leur abonnement à la médiathèque, bref ceux qui vivaient à la recherche du cool, loin des sirènes mainstream des gros canaux de diffusion. Sur Tumblr, on peut être niche, on peut être pointu, on peut même être un peu bizarre. Et, surtout, trouver des compagnons dans cette aventure loin des friends Facebook et des followers Insta.

La force de Tumblr ? Sans doute de ne jamais avoir vraiment explosé et d'avoir toujours continué à vivre pour ses utilisateurs malgré l'arrivée de nouvelles plateformes concurrentes permettant elles aussi la curation. Vous voulez ouvrir une page consacrée aux chaises design des années 1970 ? C'est sur Tumblr que ça se passe. Vous voulez compiler des captures d'écrans d'épisodes de *Buffy contre les vampires* avec les sous-titres en japonais, c'est aussi sur Tumblr que ça se passe. Vous voulez uploader des gif d'astronomie ? C'est aussi sur Tumblr que ça se passe.

De son âge d'or, Tumblr a gardé une empreinte évidente dans la pop culture. L'esthétique Tumblr est devenue un adjectif, et encore aujourd'hui, la plateforme continue d'être un refuge pour une frange de kiffeurs d'un Internet un peu différent.

Bonjour Yahoo, ciao le cul

En 2013, c'est aussi le moment où Yahoo rachète Tumblr pour un gros chèque de 1,1 milliard de dollars. En 2019, Yahoo revendra la plateforme pour seulement 3 millions, oupsy. On vous laisse faire le calcul, mais on n'est pas sur un très bon investissement. Au passage, en 2018, Tumblr serre la vis sur la pornographie, supprimant tous les contenus à caractère adulte de la plateforme, de quoi étouffer le dernier poumon qui faisait de Tumblr un espace dissonant du Web traditionnel.

Lire aussi :
https://www.konbini.com/popculture/les-fantasmes-des-internautes-sur-pennywise-vont-au-dela-de-ce-que-vous-imaginez/

VERY FAST NEWS

On s'inscrit sur Google+ ● Pour autant, on n'utilise pas Google+ ● Stromae sort "Formidable", "Papaoutai" et "Tous les mêmes" ● On prononce pour la première fois la phrase "On se prend un Airbnb pour les vacances?" ● Nicolas Sarkozy est Paul Bismuth ● *Mommy* de Xavier Dolan décroche le Prix du jury à Cannes ● Robin Williams meurt à 63 ans ● Jordan qui pleure devient un mème ● JuL sort le cross volé ● Oh non, le prénom sur le gobelet Starbucks est en fait une technique marketing ● Beyoncé et Jay-Z enflamment le Stade de France ● Solange met un taquet au même Jay-Z dans un ascenseur ● Ivre, il écrit un article qui commence par "ivre, virgule" ● Justin Bieber passe par la case "prison", mais le mugshot vaut le coup ● Nabilla aussi ! ● Le vol 370 de Malaysia Airlines disparaît ● Conchita Wurst remporte l'"Eurovision" ● On chiale devant *Gomorra*, *The Leftovers* et *BoJack Horseman* ● Sia chante "Chandelier" et Kendji Girac chante "Andalouse" ● Apple télécharge l'album de U2 dans tous nos iTunes ● Les stars se renversent des seaux d'eau glacée sur la tête ● Y'a des popcakes à la fête de l'école ● Booba clashe Rohff ● Pendant ce temps-là, on joue à 2048 ● L'invention de l'année au concours Lépine? Un distributeur de baguettes parce que ça reste la France.

MEDLEY DE PÉPITES KONBINI :

On a interviewé Jim Carrey, on passe la barre des 100 000 fans sur Facebook (waouh), on a infiltré la Fiac pour apprendre à parler d'une œuvre d'art contemporain sans s'y connaître, on est allés à Art Basel à Miami, au mondial du tatouage et on a traîné avec Apollonia ou les Pachanga Boyau au N.A.M.E. Festival. On a ridé quoi.

20

#JeSuisCharlie
#JeSuisEnTerrasse

Kendrick Lamar
Martin Shkrely

15

Caitlyn Jenner

Le dab

The true cost of things

“JE SUIS CHARLIE”

JOACHIM RONCIN

7 JANVIER
2015

#JeSuisEnTerrasse
#JeSuisParis
#TousAuBistrot
#ParisAttacks
#NotAfraid
#OccupyTerrasse
#PrayForParis
#PortesOuvertes

13 NOVEMBRE
2015

“LE MONDE CONTINUERA À TOURNER, LA FRUSTRATION À GRANDIR, JUSQU’À CE QUE NOUS REVENIONS FINALEMENT AU MOT LE PLUS SIMPLE : L’AMOUR.”

Kendrick Lamar sur Konbini

MARTIN SHKRELI, HISTOIRE D'UN VILAIN FAN DU WU-TANG

Martin Shkreli en février 2016.

À l'hiver 2015, un certain Martin Shkreli s'offre un album original du Wu-Tang en exemplaire unique pour la modique somme de 2 millions de dollars. Pas un crime si on est riche. Mais le monsieur a fait fortune, entre autres, en augmentant de plus de 5 000 % le prix du Daraprim, un médicament utilisé dans le traitement du sida.

Une *origin story* à faire pâlir un méchant cynique tout droit sorti d'un comics de l'univers DC Comics, et franchement, la tête de l'emploi ; Martin Shkreli est un vilain, un vrai. Né à Brooklyn dans les années 1980, Martin est déjà un bon filou adolescent. Sur les conseils d'un voisin avec lequel il joue aux échecs, il achète des actions Compaq et Amazon alors qu'il n'a même pas 15 ans.

Des études dans la finance et le voilà passé de boursicoteur à fondateur d'un fonds d'investissement en 2009, où il commence à s'intéresser au monde pharmaceutique avant de créer Retrophin en 2011. Rapidement, il est propulsé dans le monde des gros sous et est même nommé dans la liste des "30 *under* 30 » du monde de la finance par *Forbes* en 2012.

Mais la *success story* est en fait en parallèle déjà pavée de placements douteux, de fraudes diverses et de dettes. Des malversations qui le conduiront vers la case prison. Le grand public aura surtout affaire au monsieur au moment où, courant 2015, sa nouvelle entreprise Turing Pharmaceuticals fait passer le prix d'une pilule de Daraprim, un médicament utilisé dans le traitement des malades du sida, de 13,5 à 750 dollars l'unité !

Celui que la presse baptisera "l'Homme le plus haï d'Amérique" fait aussi des vagues côté pop culture. Twittos invétéré, il s'en prend aux politiques, ne cesse de faire polémique et... s'offre aux enchères l'album *Once Upon a Time in Shaolin* du Wu-Tang Clan, album vendu en exemplaire unique, le tout pour la coquette somme de 2 millions de dollars. Ultime move de méchant, dans un clip tout à fait surréaliste, il menace Ghostface Killah de détruire l'album collector, juste pour le plaisir de le faire rager.

Cet étrange personnage est pourtant manifestement fan de rap – après tout, c'est un petit gars de Brooklyn qui a connu l'âge d'or du rap new-yorkais – et il se propose, au même moment, de payer la caution du rappeur Bobby Shmurda. Mais avant de pouvoir continuer ses aventures de fanboy plus ou moins philanthrope, la justice le rattrape et Martin finit par prendre sept ans pour fraudes. Il ne sortira de prison qu'au printemps 2022.

Quant à l'album du Wu-Tang, il est sauvé par le gong de la justice, puisqu'il est saisi avant que Martin, le méchant de dessin animé, puisse le détruire.

Lire aussi :
https://www.konbini.com/popculture/shkreli-album-secret-wu-tang-trump/

“CALL ME CAITLYN”

Caitlyn Jenner

Caitlyn Jenner
aux National Television
Awards, le 28 janvier 2020.

En 2015, Atlanta est le centre du monde. Celui du rap et des tendances. Alors, quand les très viraux Migos popularisent un mouvement de danse inventé en 2010 par le rappeur Skippa Da Flippa, mouvement consistant à baisser la tête dans le creux de son bras levé devant le visage, la planète entière se met à dabber. La vie d'une danse virale est simple: d'un clip de rap elle fait son chemin aux célébrations des athlètes, de la NBA aux matchs de district de Montargis, avant de devenir un gimmick de youtubeur. Quand le duo McFly et Carlito sort son single et sa vidéo "J'effectue le dab", les cours de récré finissent par passer à autre chose, comme quand on zappe les cartes Pokémon de l'hiver pour se remettre aux billes.

ASKIP

FAST-FASHION : LE DRAME DU TEXTILE

22 mai 2015, tapis rouge du Festival de Cannes, une ribambelle de *guests* plus glamour que jamais défilent dans leurs apparats de *fashion victims*, avec l'espoir d'une nouvelle claque cinéma – ou d'un bon coup de projecteur.

Dans ce tumulte, Andrew Morgan, réalisateur étasunien, et Livia Giuggioli Firth, militante écologiste et productrice italienne, s'apprêtent à chambouler la Croisette avec *The True Cost*, leur documentaire engagé contre l'industrie ultra-polluante de la fast-fashion.

Par "fast-fashion", il faut comprendre le textile "à la va-vite". Tout comme le fast-food a introduit à la fabrication, la consommation (mais pas la digestion, malheureusement) accélérée de nos repas, la fast-fashion suit la même logique. Le phénomène, dont beaucoup datent l'avènement aux années 1990, reprend les codes des grandes maisons de mode traditionnelles, à la seule différence que tout (complètement tout) est accéléré, avec des prix cassés, pour le plaisir des consommateurs et le malheur de la planète.

Comme le démontre et dénonce *The True Cost*, les dégâts de cette nouvelle entreprise du textile sont tentaculaires : sociaux, environnementaux, économiques, voire politiques. Le documentaire se penche notamment sur l'effondrement mortel du Rana Plaza en 2013, une manufacture de la fast-fashion totalement hors normes au Bangladesh. Événement tragique – 1 138 ouvriers sont morts – qui a enclenché la curiosité du réalisateur, et son envie d'enquêter sur le secteur textile.

Les révélations qui ont suivi le documentaire ont permis de remettre en question la chute des prix de nos vêtements, la délocalisation soudaine de l'industrie du textile et, surtout, l'impact environnemental de cette transition, notamment comment la demande grandissante de coton a entraîné la multiplication d'OGM ou de pesticides et la surexploitation des terres, dans les régions d'Inde principalement.

Pour l'une des premières fois depuis les débuts de la fast-fashion et le succès d'enseignes telles que H&M ou Zara, pour ne citer que les deux plus emblématiques, les consommateur·rice·s (surtout les plus jeunes) ont donc commencé à remettre en question l'étiquette "Made In Bangladesh" de leurs tee-shirts préférés. À tel point que les sommets écologistes internationaux ont vu s'inviter le sujet dans leurs programmes, menant même en 2018 à la mise en place d'une "Charte de l'industrie de la mode pour l'action climatique", qui vise à des émissions nettes nulles d'ici à 2050 au plus tard.

Mais cette prise de conscience globale se frotte à l'évolution toujours plus capitaliste de nos sociétés, ainsi qu'à des conditions de vie toujours plus modestes de certaines strates sociales, qui poussent les consommateur·rice·s à se tourner vers la fast-fashion, dont les prix et l'offre séduisent. Un constat qui se confirme après la pandémie, qui a vu la fast-fashion sur Internet gagner en puissance, comme le démontre le succès explosif de Shein, détaillant textile chinois low-cost en ligne, qui a même tenu son premier défilé à Paris en 2023.

Vêtements brûlés dans la province d'Alicante, en Espagne.

VERY FAST NEWS

Shy'm se jette dans la foule ●●● Les gens continuent de lancer des pizzas sur la maison de Walter White dans *Breaking Bad* ●●● Un senior sur deux est sur Facebook ●●● Claquettes-chaussettes-bob-banane et ça rentre quand même en boîte ●●● Kanye sort sa première basket pour Adidas ●●● Le Japon met fin à la loi qui interdisait de danser après 23 heures ●●● Google devient Alphabet, mais tout le monde s'en fout ●●● Le plan-séquence de *Birdman* gagne un Oscar ●●● Le château de Versailles est obligé d'interdire la perche à selfie ●●● Booba chante "Validée" ●●● Insta dépasse Twitter ●●● Ça fait des lives sur Periscope ●●● On doit tous installer un détecteur de fumée à la maison ●●● Marty McFly arrive dans le futur en DeLorean le 21 octobre 2015; le futur de *Retour vers le futur*, c'est maintenant ●●● Hugo Travers commence à décrypter sur YouTube ●●● 11,5 millions de fichiers divulgués, c'est les *Panama Papers* ●●● *"You used to calllll me on my ceeeell-phone..."* ●●● On s'écharpe pour savoir si la robe est bleue ou blanche ●●● Déso, l'Italie, ça prépare des "one pot pasta" ●●● Kendrick Lamar sort *To Pimp a Butterfly* ●●● Jay-Z lance Tidal ●●● jhjhh'/ : c'est le premier tweet de North West ●●● FloBer et Adrien Ménielle lancent le FloodCast ●●● *Le Réveil de la Force* est au cinéma ●●● On achète le premier Society ●●● Banksy ouvre son parc d'attractions Dismaland.

LETTRE OUVERTE SUR KONBINI

On diffuse une lettre ouverte pas comme les autres. Celle de Lucie, 23 ans, séropositive. Son histoire et son texte engagés sont la preuve que les sujets de société qui concernent notre audience ont leur place sur Konbini. Elle conclut : "Je ne sais pas ce qui m'a décidé. Je pense qu'il y a une urgence, qu'il faut que les jeunes de ma tranche d'âge se prennent une claque. Ce texte est ma claque." À relire sur konbini.com

20

Pokémon Go

Les filtres Snapchat

Le cambriolage de Kim K

Gamergate et Donald Trump

16

Zerator

Fleabag

Kaepernick

POKÉMON GO, LE JEU MOBILE QUI A FAIT CHUTER LA PRODUCTIVITÉ DU MONDE ENTIER TOUT UN ÉTÉ

Le 6 juillet 2016, à peine quelques heures après son lancement, une appli écrase toutes les autres. Au cours de son premier mois d'utilisation, elle rapportera sept fois plus de revenus que l'indétrônable Candy Crush. Cette appli, c'est Pokémon Go, la version mobile en réalité augmentée de la mythique franchise Nintendo.

Tout le monde connaît les Pokémon. La franchise japonaise, qui a fait et continue de faire les beaux jours de Nintendo en jeux vidéo, en animés et en produits dérivés, s'offre les gros titres de l'été 2016. Avec Pokémon Go, un jeu mobile en réalité augmentée, le monde entier descend dans la rue pour… attraper des Pokémon. S'ensuit une hystérie collective à la recherche des petits personnages les plus rares avec une seule idée en tête : devenir le meilleur dresseur.

Le concept de Pokémon Go est relativement simple. L'appli reprend une carte interactive du monde réel et fait apparaître, un peu partout dans le monde, des Pokémons à attraper en utilisant la caméra du smartphone des utilisateurs. Chaque Pokémon attrapé peut être ensuite utilisé dans des combats contre d'autres joueurs afin de remporter des arènes disséminées elles aussi dans le monde réel.

La révolution de Pokémon Go ? Ce ne sont pas les itérations de Pikachu et autres Magicarpe. Mais le fait que, pour jouer, s'amuser, faire grossir sa collection et rester maître de ses arènes, il faut sortir de chez soi, dehors, dans le monde réel.

En quelques semaines, des phénomènes étranges se produisent partout sur la planète. Dans toutes les villes, des regroupements de joueurs de tous âges peuvent être observés autour des points chauds d'apparition de Pokémon et des précieuses arènes. Il n'est pas rare à l'été 2016 d'observer un groupe de joueurs se mettre à courir, smartphone à la main et batterie de secours dans le sac à dos, à toute vitesse, vers l'apparition d'un Pokémon rare de l'autre côté de la ville.

Forcément, la fièvre Pokémon Go truste les gros titres tout l'été, et parfois même à la page "Faits divers". Jeunes joueurs qui tentent de s'introduire dans la cage des tigres d'un zoo de l'Ohio parce qu'un Pokémon vient d'y apparaître, chute de falaise, découverte de cadavre, capture de Pokémon pendant un accouchement et surtout pas mal de complaintes de la part des services ressources humaines d'un paquet d'entreprises, Pokémon Go a ponctué l'été 2016 de son omniprésence médiatique, instituant l'appli mobile au rang d'événement collectif jamais reproduit depuis.

La plus belle histoire de Pokémon Go

Juillet 2016, quelque part aux États-Unis.
C'est l'histoire d'un homme blanc d'une quarantaine d'années qui n'arrive pas à dormir. Quelques jours avant, il a téléchargé Pokémon Go et a déjà trouvé quelques Carapuce et Rondoudou, d'où l'idée de partir à la recherche de Pokémon dans un parc de sa ville pour occuper son insomnie.
Il est 3 heures du matin, il fait noir, et dans la nuit, deux jeunes Afro-Américains s'approchent de lui. Ne nous mentons pas, l'insomniaque blanc a un peu peur, mais très vite il comprend qu'en fait ils veulent juste l'aider à trouver des Pikachu.
Les voilà tous les trois en goguette dans les bois, leurs smartphones à la main, quand soudain arrive un quatrième personnage ! C'est un policier et il trouve la situation un peu suspecte.
On retient notre souffle connaissant les états de service de la police américaine, mais cette histoire se termine bien, car, après quelques minutes d'une discussion animée, le policier télécharge lui-même Pokémon Go et se laisse guider par ses trois nouveaux copains dans sa recherche de Pokémon rares.
Merci Pikachu de faire mentir les pronostics.

Lire aussi :
https://www.konbini.com/techno/un-papi-taiwanais-se-balade-avec-64-smartphones-sur-son-velo-pour-jouer-a-pokemon-go/

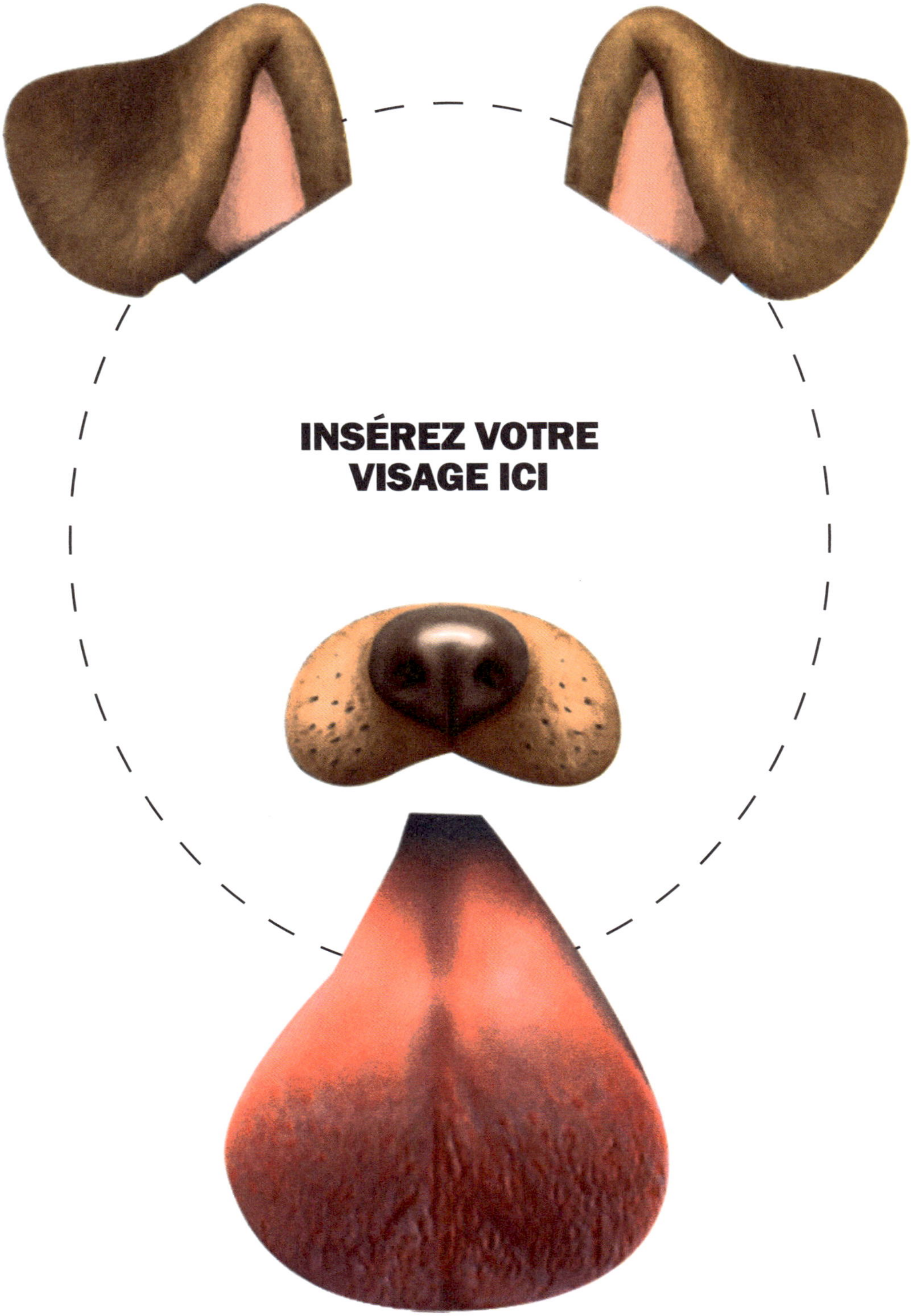

Tout a commencé ainsi : deux petites oreilles, une petite tâche noire adorable sur le nez et une langue de chien. C'est l'un des tout premiers filtres (ou lens) en réalité augmentée lancé par Snapchat et son usage explose. Pourquoi ? Car le filtre chien ne nous rend pas seulement chien, il nous rend aussi plus beau. Et ce n'est que le début.

BIJOUX ET GRAND BANDITISME : L'INCROYABLE HISTOIRE DU CAMBRIOLAGE DE KIM KARDASHIAN

3 octobre 2016, vers 3 heures du matin, Kim Kardashian est tirée de son sommeil par trois braqueurs grimés en policiers alors qu'elle séjourne dans un hôtel particulier de luxe au cœur de la capitale. Le braquage du siècle sous fond de *fashion week*.

Si vous êtes une star internationale, pendant la *fashion week* parisienne, il y a de fortes chances que vous connaissiez le "No address", le petit nom donné au prestigieux et discret Hôtel de Pourtalès, avec ses appartements et suites privées. La suite occupée par Kim Kardashian et sa famille pendant cette semaine de la mode chiffre à 15 000 euros la nuit.

Alors que la star de téléréalité et des réseaux sociaux, encore mariée à Kanye West au moment des faits, s'invite au premier rang des défilés parisiens, c'est pour un fait divers moins glamour qu'elle fait les gros titres des journaux le 3 octobre. Alors qu'elle documente tous les détails de son passage dans la capitale en story Instagram, Kim K est victime d'un cambriolage, d'un genre qu'on ne voit que dans les films.

"Omar le vieux", "Nez râpé", "Yeux bleus", ce sont trois des surnoms de la bande de braqueurs qui va s'infiltrer, grimée en policiers, dans les appartements de Kim Kardashian alors qu'elle est seule (son garde du corps ayant accompagné les sœurs de la star en boîte, parce que, après tout, c'est la *fashion week*). Sur les coups de 3 heures du mat, ils réveillent celle qui quelques heures plus tôt dévoilait un diamant estimé à 4 millions de dollars en story Insta.
Ligotée, braquée avec un pistolet, Kim K se retrouve propulsée dans un film de braquage, du mauvais côté du scénario. Rapidement, les braqueurs ne repartent pas en bolide dans les rues de Paris, mais à vélo, le plus discrètement du monde comme une bande de potes en retour de soirée. Un des braqueurs, victime d'une crevaison, égare même pendant sa fuite un collier estimé à 300 000 dollars. Sous les cagoules et les sobriquets, nos braqueurs ne sont pas des petits nouveaux : âgés de la soixantaine, ce cambriolage devait être leur "gros coup" avant de disparaître une fois pour toutes dans la nature. Mais c'était sans compter sur la police française qui leur mettra le grappin dessus après une longue enquête mêlant ADN, planques, erreurs téléphoniques et plaques minéralogiques.

Après le braquage et le traumatisme qui en découle, Kim Kardashian opère une pause de quelques mois sur les réseaux sociaux. Mais pas rancunière, elle reviendra à Paris dès 2019, toujours pendant la *fashion week* pour assister au défilé Louis Vuitton orchestré par son ami Virgil Abloh.

Kim Kardashian au spectacle Givenchy, le 2 octobre 2016.

Si c'est sa sextape avec Ray J qui a mis son nom en 2007 sur les couvertures de magazines, Kim Kardashian est en quinze ans devenue une icône de la mode et des réseaux sociaux. Reine de la téléréalité la plus suivie de l'histoire avec "L'incroyable famille Kardashian", ex-femme de Kanye West, elle fait et défait les tendances à grands coups de posts Instagram. Celle qui a commencé comme assistante de Paris Hilton est aujourd'hui mère de famille, femme d'affaires au succès planétaire et diplômée du barreau de Californie. Rien que ça.

Lire aussi :
https://www.konbini.com/popculture/shkreli-album-secret-wu-tang-trump/

Au centre, Zoé Quinn le 17 mars 2016 à une conférence sur les femmes et les jeux vidéos.

GAMERGATE, DU CYBERHARCÈLEMENT D'UNE DÉVELOPPEUSE DE JEUX VIDÉO À L'ÉLECTION DE DONALD TRUMP, LA ROUTE EST (EXTRÊMEMENT) DROITE

À l'automne 2014, une campagne de cyberharcèlement vise une développeuse de jeux vidéo. Les proportions que prennent l'affaire posent les contours de ce que va devenir la guerre des idées sur Internet et plantent le terreau dans lequel Steve Bannon, le mage noir de Donald Trump, va semer ses graines.

Tout commence par un long texte de blog dans lequel un certain Eron Gnoji diffuse sa correspondance privée avec son ex, Zoë Quinn. Dans ce (beaucoup trop long) post de blog, il l'accuse aussi de l'avoir trompé avec un journaliste de Gawker, site américain d'infos à sensation. Ces accusations interviennent pile au moment où les relations entre gamers et journalistes de jeux vidéo se tendent en ligne, les uns accusant les autres d'être des vendus et de prendre parti pour les féministes.

Le post du blog déclenche un cyberharcèlement massif, très sexiste et hyper-violent contre Zoë Quinn, relayé sur 4chan, Reddit et YouTube. Elle est obligée de déménager, des nudes d'elle sont diffusées partout, et un acteur comme Adam Baldwin (pas de lien de parenté), prend parti… pour les gamers. L'acteur de *Full Metal Jacket* estime que c'est une bataille contre le politiquement correct qui se joue là, et tant pis pour la santé physique et mentale de la développeuse.

Le cyberharcèlement de Zoë Quinn intervient après celui d'une sociologue, Anita Sarkeesian, qui avait lancé en 2012 une campagne de crowdfunding pour financer une série sur les stéréotypes touchant les femmes dans les jeux vidéo. Elle reçoit aussi insultes et menaces de mort. Elles communiquent toutes les deux sur ce cyberharcèlement.

Le 28 août 2014, 12 sites internet sortent des articles qui prennent la défense des deux femmes, expliquant que les cyberharceleurs sont avant tout de gros sexistes, qui prennent l'excuse de la collusion entre journalistes et créateurs de jeux vidéo pour pouvoir exclure les femmes de ce monde qui s'ouvre à peine à elles.

La crispation s'intensifie sur les forums où les gamers les plus énervés estiment qu'on leur intente un faux procès et qu'ils sont en lutte contre la corruption dans le jeu vidéo, pas contre les femmes. La nature profondément sexiste du cyberharcèlement à base d'insultes à connotation sexuelle et de menaces de viol devenant apparemment un malencontreux hasard.

Pris à partie par de nombreux médias, 4chan et Reddit finissent par bannir un certain nombre d'utilisateurs qui migrent alors sur des forum alternatifs revendiquant une liberté d'expression absolue. Un *free speech* qui tolère les menaces de morts, de viol, les attaques racistes, sexistes et homophobes à un niveau digne des pamphlets antisémites de Céline.

C'est ainsi, par exemple, que 8chan naît. Un forum où seront plus tard revendiqués plusieurs attentats racistes et d'extrême droite : celui de l'auteur de l'attentat de Christchurch en Nouvelle-Zélande, et celui d'El Paso aux États-Unis qui tue 23 personnes en août 2019.

C'est aussi là que Milo Yiannopoulos, éditorialiste polémiste de Breitbartk, site alors présidé par Steve Bannon, commence, dès 2015, à recruter son armée numérique pour défendre la candidature de Donald Trump. Au nom de Breitbart, Milo s'était d'ailleurs érigé en porte-parole du #Gamergate sur les chaînes comme Fox News.

Plus tard, on retrouvera sur 8chan les adeptes du QAnon ou du Pizzagate (qui accuse les démocrates américains d'être une secte pédophile et sataniste). Cette "guerre culturelle" d'un vieux monde, blanc et masculin, est le meilleur écho des campagnes de désinformation du monde trumpiste : celui de la post-vérité et des fake news, et ce sont ceux qui auront participé au Gamergate qui, par leurs idées et leurs méthodes, se retrouveront à prendre d'assaut le Capitole le 6 juin 2021.

Lire aussi :
https://www.konbini.com/archive/le-joueur-nerd-serait-une-cible-privilegiee-de-recrutement-pour-les-supremacistes-blancs/

ZeratoR en 2016.

ZERATOR ORGANISE SON PREMIER *EVENT* CARITATIF SUR TWITCH

Du 4 au 6 mars 2016, le streamer ZeratoR organise le "Projet Avengers" en France, prémisses du Z Event et annonciateur d'une carrière de streamer culte.

Adrien Nougaret, plus connu sous son pseudo "ZeratoR", est déjà un streamer Twitch reconnu lorsqu'il répond, en 2016, à l'appel lancé par l'ONG "Save The Children" pour venir en aide à l'Éthiopie touchée par la sécheresse.

Dans la cave de sa maison, seize de ses comparses streamers et streameuses se sont réunis. L'objectif? Jouer aux jeux vidéo et animer leurs tchats pour récolter un maximum de dons. Aux termes des 36 heures de live ininterrompues, la somme atteinte est de 170 000 euros, une première en France sur la plateforme de streaming.

Si le "Projet Avengers" était une étincelle, les années suivantes vont être enflammées. Un an après, ZeratoR et son acolyte Dach créent le Z Event, récoltant 500 000 euros pour la Croix-Rouge française.

Les années s'enchaînent, les audiences de Twitch grossissent, tout comme les cagnottes du désormais culte événement de ZeratoR. En 2019, avec 3,5 millions d'euros récoltés pour l'Institut Pasteur, le Z Event bat le record mondial du plus gros marathon caritatif sur Twitch. En 2021 et 2022, l'événement défie tous les pronostics en récoltant plus de 10 millions d'euros pour des œuvres caritatives.

ZeratoR connaît la force d'une communauté sur Internet. En 2013, c'est grâce à un financement participatif record qu'il peut enfin se lancer pleinement dans sa carrière de streamer. Avec ensuite un passage éclair sur la WebTV Eclypsia, ZeratoR partage le parcours de nombre de ses confrères streamers : un authentique joueur de jeux vidéo qui a su rendre contagieuse sa passion avant d'assumer pleinement sa liberté de jouer.

De ses premiers streams à commenter l'e-sport depuis sa chambre jusqu'à remplir un Bercy entier pour sa TrackMania Cup, ZeratoR a déjà mené, en treize ans de carrière, des dizaines de projets toujours plus ambitieux, et avec toujours le même mot d'ordre : fédérer.

Hardcore gamers ou non, les streamers et streameuses partagent aujourd'hui un héritage commun : celui d'avoir créé un nouvel espace à part, celui de l'instant T du direct, le moment qu'il ne faut pas louper en live.

Face aux mastodontes d'audiences anglophones et hispanophones, le Twitch francophone s'est créé une place unique, une exception culturelle sur Internet. Et ZeratoR y a joué un grand rôle. Depuis sa ville natale de Montpellier (nommée parfois "Stream City"), Zerator a su ouvrir la voie pour le plus grand bonheur des viewers.

Lire aussi :
https://www.konbini.com/internet/la-legende-de-twitch-zerator-nous-parle-de-tous-les-jeux-video-qui-ont-marque-sa-vie/

“OH MERDE, J’AI L’HORRIBLE IMPRESSION QUE JE SUIS UNE FEMME AVIDE, PERVERTIE, ÉGOÏSTE, APATHIQUE, CYNIQUE, DÉPRAVÉE, MORALEMENT EN FAILLITE, QUI NE PEUT MÊME PAS SE REVENDIQUER FÉMINISTE”

Phoebe Waller-Bridge dans *Fleabag*, saison 1 épisode 1.

Le footballer américain Colin Kaepernick ***pose un genou à terre pendant l'hymne des États-Unis lors d'un match de NFL pour protester contre le racisme et les violences policières.***

VERY FAST NEWS

On fait un Mannequin Challenge? ●●● *Jurassic World* rerererereredonne vie aux gros dinos ●●● Brangelina, c'est finito ●●● David Bowie meurt à 69 ans ●●● René, le mari de Céline Dion, meurt aussi ●●● Deux étoiles qui ne verront pas *Lemonade* de Beyoncé ●●● Carrie Fisher, Prince et Leonard Cohen meurent aussi ●●● Xavier Dolan reçoit le Grand Prix de Cannes pour *Juste la fin du monde* ●●● Kanye met tout le monde à poil dans le clip de "Famous" ●●● Kanye est hospitalisé en pleine crise psychotique ●●● Kanye soutient Donald Trump ●●● Les One D se séparent ●●● Thomas Pesquet va dans l'espace ●●● T'as pas vu mon AirPod droit? ●●● Frank Ocean nous fait mariner et finit par sortir *Blonde* ●●● Ashley Graham est la première mannequin "plus size" à briller en couv' de *Vogue* ●●● Christine Boutin tweete par erreur la mort de Jacques Chirac ●●● Shia LaBeouf remet la queue de rat à la mode ●●● Nintendo nous offre la Switch ●●● Harry et Meghan, c'est officiel ●●● *Ghostbusters* sort avec un cast 100 % féminin ●●● Jon Snow est ressuscité (désolé, on spoile mais ça va, c'était y'a sept ans) ●●● De Bruyne s'en bat les couilles à l'Euro ●●● Y'a plus de trous pour les casques sur les iPhones ●●● Création de "Justice pour Adama Traoré" ●●● #OscarsSoWhite ●●● Moonlight sort au ciné ●●● "Baby Shark" pourrit la vie de tous les parents du monde.

FAST & CURIOUS

Maintes fois repris le *Fast&Curious* est vite devenu un format iconique made in Konbini. Il est né entre autres d'une contrainte : s'adapter au temps de disponibilité des artistes sur les junkets, ces journées promo où les journalistes se suivent pour des interviews de 10 minutes. Le tout premier c'était avec Kaaris en 2015, depuis on en a tourné quasiment 350 avec les plus grandes stars du monde, on en a même fait un jeu de société.

20

Pepe the frog

“Fake news”

Le Fyre Festival

La grossesse de Beyoncé

17

Charge mentale

#metoo

Backpack kid

L'ASMR

PEPE THE FROG

Ou quand l'extrême droite vole un bon mème.

Mais comment la grenouille un brin depresso dessinée par Matt Furie en 2005 est-elle, plus de 10 ans plus tard, devenue le symbole de l'alt-right, l'extrême droite ultra connectée américaine? Parce que sur internet tout le monde peut s'approprier la viralité, pour le meilleur et très souvent pour le pire. Mais Pepe, comment a-t'il terminé avec une casquette Maga vissée sur sa tête dans des mèmes retweetés par Donald Trump? C'est sur le forum 4chan, plaque tournante de mèmes devenu laboratoire des théories racistes et incels, que les itérations du personnages ont commencé à être déclinées en version KKK, nazie ou Proud Boys. Une appropriation qui pousse Matt Furie à tuer officiellement son personnage en 2017.

“FAKE NEWS !”

Donald Trump

Donald Trump parlant des medias et des fake news lors de la campagne de Lou Barletta, le 2 août 2018.

OH NO! LE FESTIVAL LE PLUS FOU DU MONDE ORGANISÉ PAR JA RULE SUR UNE ÎLE DÉSERTE EST EN FAIT UNE ÉNORME ESCROQUERIE!

Lâcher 12 000 dollars pour voir Blink-182 sur une île des Bahamas dans un cadre luxueux et paradisiaque, c'est la promesse du Fyre Festival. Sur place, il ne s'agira que de sandwichs d'aéroport et de matelas mouillés. Retour sur la plus belle arnaque de 2017.

Serial entrepreneur millionnaire? C'est la carte de visite de Billy McFarland, jeune Américain de 25 ans. Mais sous les paillettes, le garçon est un serial embobineur, accusé d'avoir couillonné des dizaines d'investisseurs de la rondelette somme de 26 millions de dollars.

Billy est surtout connu pour être l'organisateur du Fyre Festival, un festival organisé sur une île paradisiaque des Bahamas. Enfin ça, c'est sur le papier et sur Instagram pour promouvoir l'événement. En partenariat avec le rappeur Ja Rule, le Fyre Festival promet à plus de 5 000 heureux élus de venir vivre une expérience luxueuse, ambiance bungalows les pieds dans l'eau bleue, buffets préparés par des chefs et concerts de Blink-182, Pusha T ou Migos.

De 500 à 12 000 dollars, les packages mis en vente pour assister au festival par Billy McFarland s'arrachent comme des petits pains, parce que la promesse est belle et que la promo en vidéo à grand coup de filles en bikini faisant la fête au soleil couchant sur des catamarans a de quoi attirer les wannabe influenceurs pour vivre une expérience de vidéoclip franchement un peu beauf.

Mais après avoir encaissé le pactole, notre bon Billy ne se met pas franchement au boulot, ne paie pas ses fournisseurs, ni les groupes ni personne en fait. Les dominos se mettent à tomber alors que les festivaliers arrivent sur la fameuse île. Les bungalows de luxe se sont transformés en tentes de fortune option

Billy McFarland à gauche
et le rappeur Ja Rule à droite
lors du Web Summit en 2016.

matelas détrempés et les repas préparés par les chefs en un sandwich le plus triste du monde, faisant marrer le monde entier (et surtout Twitter).

Pour ce qui est des concerts? Faute de paiement, toutes les têtes d'affiche annoncées ont annulé leur venue. Ce qui devait être une expérience luxueuse se transforme en radeau de la Méduse. Si voir des influenceurs un peu crédules se retrouver à dormir sur leur valise à même le sol d'un minuscule aéroport peut faire sourire, l'arnaque ne paie pas et Billy McFarland finit par prendre six ans de prison.

L'histoire révèle aussi les failles du business des influenceurs, car la communication du festival a entièrement reposé sur un carré orange, posté en même temps sur Instagram par toutes les *it girls* les plus suivies du moment, ce qui a déclenché la vente express des billets: la plus belle opération d'influenceurs de tous les temps pour un fiasco final à la hauteur de la promesse.

Deux documentaires s'en emparent en 2017 et sortent quasiment en même temps. Hulu et Netflix se disputent cette histoire folle, ce qui rend encore plus viral ce cas d'école d'arnaque à l'ère des réseaux sociaux. Deux documentaires qui racontent le même conte sur les entrepreneurs charismatiques qui n'ont pas toujours les compétences pour réaliser ce qu'ils annoncent.

D'ailleurs, malgré quelques années derrière les barreaux, le buzz créé par Billy McFarland ne l'a pas découragé. Sorti en 2022 en conditionnelle, il annonce déjà vouloir organiser un second Fyre Festival et produire une comédie musicale inspirée du naufrage de la première édition.

L'annonce de la grossesse de Beyoncé
fait trembler Instagram.

En parallèle du hashtag #MeToo, c'est dans la sphère privée que la parole des femmes se libère. Ici, c'est la "charge mentale", popularisée par la dessinatrice Emma qui devient virale, avec sa courte BD didactique partagée en masse sur l'Internet francophone puis anglophone. Elle met en scène le quotidien d'un couple hétérosexuel, où la femme croule sous la fameuse "charge mentale", de la gestion ménagère à l'éducation des enfants, et des injonctions du quotidien portées par le patriarcat. Si la BD n'a sans doute pas changé les inégalités dans la sphère privée, et que faire la lessive une fois par semaine n'est pas un exploit, messieurs, elle a clairement permis la mise en lumière de ces problématiques dans les foyers français.

CCCHHHHH HHRCCCCC CRIIIIKKKK CCCMMM MMSSSSS HHLIIIIIII IIIUUUUUUU URRRPPP

L'ASMR

Le monde se divise en deux catégories : ceux pour qui les petits bruits de bouche dans des petits micros mettent en éveil les petites zones érogènes de leur cerveau, et les misophones. Et je casse mon ordinateur si tu sors ce papier bulle.

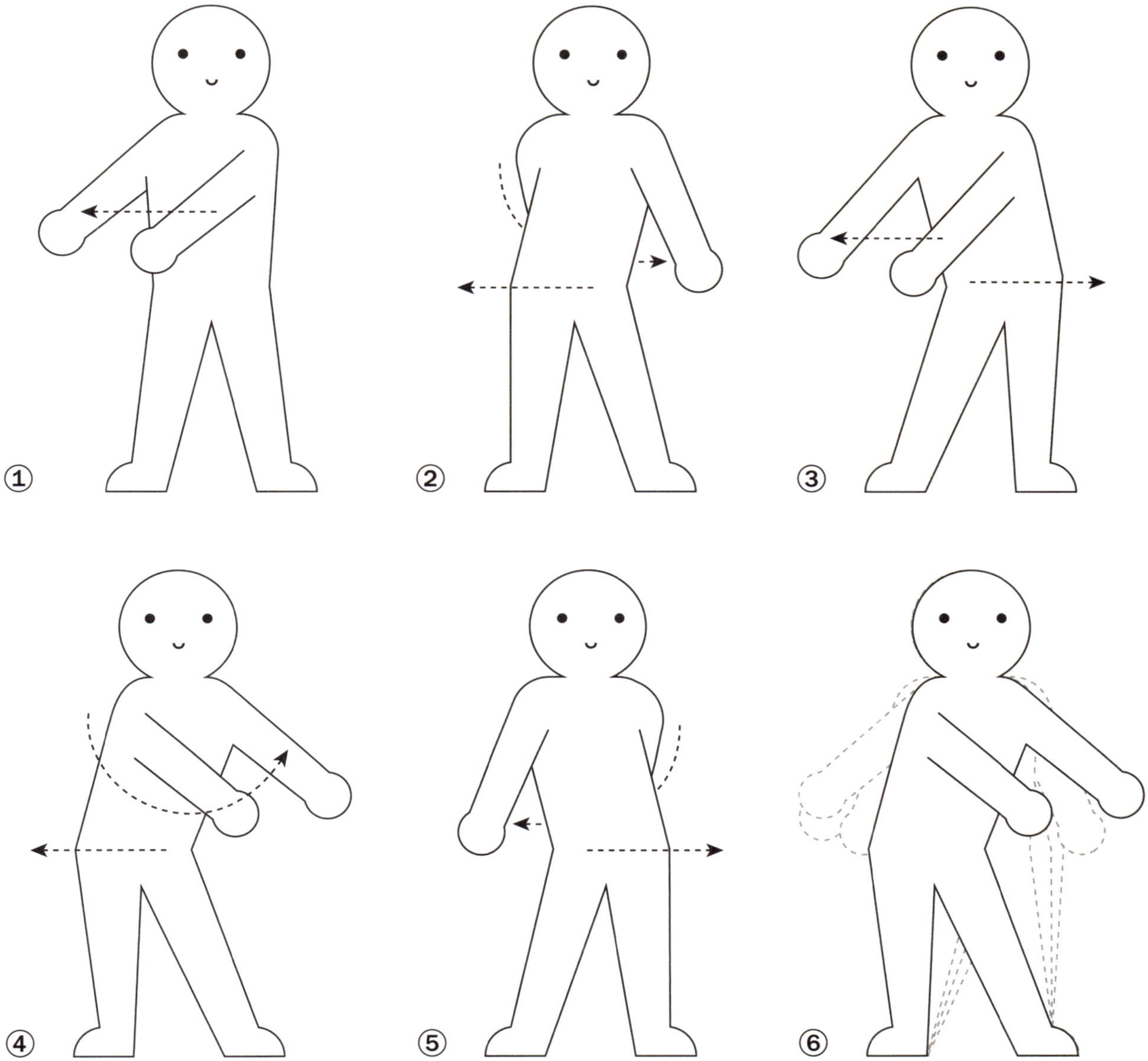

BACKPACK KID

Le roi de la cour de récré aux millions de vues

Le nom de Russell Horning ne vous dit probablement rien. Pourtant, si vous étiez sur Internet en 2017, vous connaissez forcément ce jeune garçon sous le pseudo de “backpack Kid”. Né en 2001, il perce sur les réseaux avec son mouvement signature : la floss dance, qui consiste à bouger les bras de façon saccadée, visage impassible et, évidemment, sac au dos. Une danse virale (qu’il n’a pas inventée) qui propulse le garçon comme un totem de pop culture, suivi par Rihanna sur Insta ou invité à danser avec Katy Perry sur scène. Cette courte danse, reprise dans le jeu vidéo Fortnite, marque le début des danses virales, remplacées tous les trois mois par un nouveau pas à reproduire en story et en soirée.

Alors que l'affaire Weinstein explose à Hollywood, un hashtag #MeToo pour "moi aussi" fait naître une vague jamais vue de témoignages et libère la parole des femmes victimes de violences sexuelles. Le mouvement, lancé pas loin de dix ans auparavant par la militante afro-américaine Tarana Burke, se transforme en hashtag et le monde entier prend conscience des violences sexuelles systémiques, porté par les témoignages de femmes, dont beaucoup d'actrices et de célébrités. #MeToo lance une révolution, d'abord sur Internet puis dans l'industrie, et reste un des événements médiatiques de l'année permettant le réveil des consciences du monde entier sur les violences faites aux femmes. Le magnat violeur d'Hollywood, Harvey Weinstein, comme un symbole, finira, après plusieurs procès, par être condamné à plus de trente ans de prison.

VERY FAST NEWS

Oupsy, Kendall Jenner essaie de sauver le monde avec une canette de Pepsi

The *Handmaid's Tale* fait chialer le monde entier

Jérôme Jarre passe de Vine à l'humanitaire avec le projet "Love Army"

On a chaud avec Timothée Chalamet dans *Call Me by Your Name*

Salt Bae casse Internet en pliant le bras pour saler une côte de bœuf

Si t'es stressé, offre-toi un fidget spinner

Baptiste fout le feu à sa chambre en vidéo

Khaled Freak remixe Baptiste qui fout le feu à sa chambre

Simple, basique, Orelsan est de retour

Apple construit son siège aux allures de vaisseau spatial à Cupertino

"Balance ton porc" balance les porcs

Drake se prend le plus grand vent de l'humanité en déclarant sa flamme à Rihanna aux MTV Music Awards

La mention "photo retouchée" devient obligatoire sur les publicités

Ton petit cousin te demande si t'as des V-bucks à lui assurer pour jouer à Fortnite

Johnny Hallyday casse sa pipe

Personne ne vient à l'investiture de Trump, mais dans le monde de la post-vérité, c'était blindé

Get Out invente un nouveau genre de film d'horreur

On est tous en claquettes-chaussettes

Dua Lipa chante "New Rules"

Ed Sheeran joue dans *Game of Thrones* et ça fait bien marrer Internet.

Speech

À Hyde Park, à Londres il existe des speakers' corner, des espaces en plein air où n'importe qui peut tenir une tribune sur un sujet qui le concerne. C'est parfois le début d'un débat, parfois d'une protestation, chacun est libre. C'est de là qu'est né notre format SPEECH sur Konbini, un format dans lequel des anonymes comme des stars, peuvent venir défendre leur voix. Dans le tout premier Speech en 2017, c'est Hadama Traoré, responsable d'une antenne jeunesse à Aulnay-sous-Bois, qui y demandait justice et justesse dans les relations entre les jeunes, la police, et les médias. Le sujet n'a jamais été aussi actuel.

20

This Is America

Kanye x Trump

League of Legends

Mercure en rétrograde

18

Les gilets jaunes

Oh Djadja

Mac Miller

"THIS IS AMERICA" : CHILDISH GAMBINO REPEINT VIOLEMMENT L'AMÉRIQUE RACISTE ET PRO-FLINGUE

Childish Gambino (Donald Glover) dans le clip pour *This Is America*, mai 2018.

Le 6 mai 2018, Childish Gambino diffuse sur YouTube le clip de "This is America", un tube énervé et plein de sens qui assène un uppercut au monde entier.

Un tube, avec ses millions de vues en 24 heures et sa première place au Billboard. Mais "This is America" n'est pas, loin de là, qu'un simple hit de l'été. Le single de Childish Gambino, *alter ego* musical de l'acteur et réalisateur Donald Glover est d'abord une lettre à une Amérique violente et divisée qui vit déjà sa deuxième année chaotique sous la présidence Trump.

En saynètes saccadées et ultra-chorégraphiées, Childish Gambino met en scène l'Amérique noire, acclamée pour son entertainment et malgré tout cible constante d'attaques violentes à l'arme à feu. Prolongation du discours déjà établi par Donald Glover dans sa série *Atlanta*, l'artiste revient entre autres en métaphore sur l'assassinat de Trayvon Martin, l'un des faits divers déclencheurs du mouvement Black Lives Matter.

Pour appuyer son propos, Childish Gambino joue le détail sur "This is America" et offre une prise de position globale et commune avec en caméo vocaux Quavo de Migos, 21 Savage ou encore Slim Jxmmi de Rae Sremmurd.

Cinq ans plus tard, le clip de "This is America" frôle les 900 millions de vues sur YouTube. Le racisme systémique et la violence par arme à feu qu'il dénonce sont malheureusement toujours d'actualité ; *this is still America*.

Atlanta – "B.A.N." (saison 1, épisode 7)

Épisode culte de la série imaginée par Donald Glover, "B.A.N.", diffusé pour la première fois le 11 octobre 2016, met en scène l'interview de Paper Boi, le rappeur star d'Atlanta, sur le plateau d'une chaîne imaginaire inspirée de B.E.T. (Black Entertainment Television). Truffé de fausses pubs, de faux témoignages et de faux reportages, l'épisode entier définit l'ADN de la série, entre humour absurde et prises de position politique fortes. Le point d'orgue de cet épisode, l'arrivée du personnage d'Antoine Smalls, jeune Noir s'identifiant comme "un homme blanc de 35 ans du Colorado".

Lire aussi :
https://www.konbini.com/popculture/le-morceau-this-is-america-de-childish-gambino-etait-a-lorigine-un-clash-contre-drake/

Kanye West durant le meeting de Donald Trump, le 11 octobre 2018 à Washington DC.

Kanye West, à l'époque Ye, offre un nouveau spectacle déconcertant en s'affichant avec Donald Trump et déclare : **"Il y a quelque chose quand je mets cette casquette, ça me fait me sentir comme Superman."**

Samedi 3 novembre 2018, **en Corée du Sud, la finale des Mondiaux de League of Legends bat tous les records d'audience avec près de 100 millions de spectateurs uniques.**

Vous vous êtes renversé du ketchup sur votre t-shirt blanc ? C'est la faute de Mercure en rétrograde, cette illusion d'optique qui nous donne l'impression qu'une planète ralentit avant de se mouvoir en marche arrière. Et d'après les astrologues, ça déclenche des perturbations psychologiques majeures. Taylor Swift, Gigi Hadid, ou Lena Dunham le répètent "On peut être une femme forte et rationnelle et s'en remettre aux planètes pour guider son destin !" Dior, Gucci et Vetements font des collections à base de signes du zodiaque en et l'expression rentre dans le langage courant d'Internet. Ce gros retour de l'astrologie accompagne celui de l'ésotérisme dans un monde qui n'offre pas que des perspectives réjouissantes. Et puis, c'est super de se dire que quand quelque chose rate, c'est la faute de ce putain de Mercure en rétrograde.

LES GILETS JAUNES

T'as rendez-vous avec ton crush samedi aprem à la sortie de la Nationale pour bloquer un rond-point.

OH AYA, ÇA VEUT DIRE QUOI "DJADJA" ?

En 2018, le tube de l'été est signé Aya Nakamura et met la France en catchana.

"Oh djadja, y'a pas moyen, djadja, j'suis pas ta catin djadja, genre en catchana baby tu dead ça." À l'été 2018, la France et une belle partie du monde fredonnent ce refrain, premier tube global d'Aya Nakamura après son déjà très remarqué "Comportement". "Djadja" passe en radio, "Djadja" passe dans les voitures, "Djadja" fait danser les clubs comme les campings et entre dans les playlists aussi bien des DJ des boîtes popu que de celles des DJ internationaux comme Diplo.

"Je suis pas ta daronne, je te ferais pas ta morale", le morceau raconte l'histoire d'un menteur que la chanteuse remet à sa place. Ce "djadja", de l'expression empruntée au bambara, une des langues nationales du Mali d'où est originaire Aya Nakamura, est un affabulateur, qui aurait imaginé une relation avec la chanteuse, allant jusqu'à dire qu'il l'aurait prise en levrette. Eh oui, c'est ce que signifie le mot "catchana", on n'y peut rien.

Quelques mois plus tard, Aya Nakamura sort son album éponyme, truffé de tubes l'installant comme un pilier de la culture francophone à l'international. Toujours dans son personnage, Aya Nakamura décrit dans ses chansons une nouvelle forme de *girl power* et de féminisme réinventé et moderne, toujours porté par des expressions et des anecdotes calibrées pour faire le tour du monde et des dancefloors.

Ah et en 2023, le clip de "Djadja" a dépassé les 900 millions de vues sur YouTube, rien que ça.

Aya Namamura à Vannes, le 16 mai 2019.

Liste des tubes de l'été de 2008 à 2023

2008: "Un rayon de soleil" de William Baldé.
2009: "Ça m'énerve" de Helmut Fritz et Laurent Konrad.
2010: "Waka Waka" de Shakira et "Alors on danse" de Stromae.
2011: "Ai Se Eu Te Pego" de Michel Teló.
2012: "Call Me Maybe" de Carly Rae Jepsen.
2013: "Get Lucky" de Daft Punk.
2014: "Magic In The Air" de Magic System feat. Chawki.
2015: "Bitch Better Have my Money" de Rihanna.
2016: "One Dance" de Drake.
2017: "Macarena" de Damso et "Réseaux" de Niska, "Shape of you" d'Ed Sheeran, "Mirente" de J Balvin.
2018: "Djadja" d'Aya Nakamura "Ramener la coupe à la maison" de Vegedream.
2019: "Médicaments" de Niska feat. Booba.
2020: "En bande organisée" de 13'Organisé.
2021: "La kiffance" de Naps.
2022: "Running Up That Hill" de Kate Bush.
2023: nous bouclons ces mots juste avant l'été, mais avec 22 millions de streams en deux semaines, on ne devrait pas se tromper en pensant que vous aurez dansé sur "Sprinter" de Dave et Central Cee.

COMMENT L'OVERDOSE FATALE DE MAC MILLER A OUVERT LE DÉBAT SUR LA SANTÉ MENTALE DES ARTISTES

Le 7 septembre 2018, Mac Miller meurt à 26 ans d'une overdose laissant derrière lui une carrière fulgurante minée par la dépression et l'addiction.

Knock knock, c'est le gimmick qui fait découvrir au grand public Mac Miller sur sa mixtape "K.I.D.S.", la première sur un vrai label après quelques essais autoproduits. À peine sorti du lycée, le garçon de Pittsburgh rappe, fort, avec une nonchalance encore adolescente qui lui promet un futur radieux.

S'ensuivront six albums, dont un posthume, où la voix de Mac Miller devient de plus en plus feutrée, oscillant du rap au jazz, avec un timbre toujours inspiré, empruntant aux meilleurs de ses contemporains et jouant toujours d'une poésie juste. Mais cette poésie, au fil de son art, se noircit en parallèle de son combat ouvert contre la dépression et l'addiction.

Artiste internet, Mac Miller grandit comme son public, de son style de rappeur-skater blanc de Pennsylvanie à celui du *boy next door* qui entraîne dans son sillon une certaine Ariana Grande. Mais pour Mac Miller l'amour n'est pas plus fort que la dépression et ses addictions, notamment au fentanyl, l'opiacé qui gangrène l'Amérique depuis les années 1990.

Quand, le 7 septembre 2018, Mac Miller est retrouvé mort des suites d'une overdose de fentanyl et de cocaïne dans son studio, le monde perd un artiste complet et torturé, symbole d'une génération qui ne se cache plus de ses combats pour la santé mentale.

Sa mort révèle aussi à l'international la dramatique crise des opioïdes qui ravage la jeunesse américaine et qui devient un problème de santé publique majeur outre-Atlantique. En 2017, le Maryland déclarait même l'état d'urgence pour avoir les moyens de lutter contre cette épidémie directement responsable selon certaines études de la baisse de l'espérance de vie aux États-Unis depuis 2014.

Plus tôt dans l'année, c'est le producteur de musique électronique Avicii qui s'ôte la vie a à peine 28 ans. Le DJ star suédois décrivait dans son journal son combat contre la dépression et l'anxiété l'ayant conduit lui aussi vers l'addiction, le poussant finalement jusqu'au suicide. Les trajectoires tragiques de Mac Miller et d'Avicii ont permis depuis de mettre la lumière sur l'importance de la santé mentale des artistes et des jeunes adultes en général.

Mac Miller lors du festival allemand *Splash!* (2017).

15 juillet 2018, **l'équipe de France de football est sacrée championne du monde pour la deuxième fois de son histoire.**

Bzzz Bzzz, le groupe WhatsApp est, littéralement, en feu : José de la compta vient de tenter d'enflammer un mètre de shots à l'afterwork du bureau et l'ambiance, en vidéo, semble légendaire. Mais vous n'êtes pas là. Parce que vous, vous êtes rentré plus tôt parce que vous ne souffrez pas du FOMO, pour "Fear Of Missing Out", ou "peur de rater un truc", acronyme qui décrit ce sentiment puissant qui nous pousse à sortir, à participer à tout, de peur de ne pas vivre les moments importants et, ne nous voilons pas la face, d'être exclu des private jokes qui en découleront. Ce FOMO, qui peut devenir une forme d'anxiété, est exacerbé par les réseaux sociaux, où chacun poste en story les événements de son quotidien. Le FOMO connaît aussi son antagoniste, le ROMO, pour "Relief Of Missing Out", pour ceux qui sont bien contents de rester à la casa.

VERY FAST NEWS

Riri donne chaud à la planète avec le premier défilé Savage X Fenty Cardi B donne aussi chaud à la planète avec la sortie d'*Invasion of Privacy* *Succession* démarre sur HBO On divulgache *Succession* à la machine à café (terme fraîchement apparu dans le Larousse) "On stan" Lady Gaga et Bradley Cooper dans *A Star is Born* Sudan, dernier rhino blanc mâle de la planète, meurt Aïe, McDo est dispo en livraison Ça chante "Bella Ciao" à la Fête de la musique à cause de *La Casa de papel* Ça chante "Bella Ciao" en manif à cause de *La Casa de papel* Ça chante "Bella Ciao" en cours de chorale à cause de *La Casa de papel* Pusha T sort *Daytona* avec en cover la photo de la salle de bains de Whitney Houston prise lors de sa mort par un flic Ninja et Drake cassent Twitch en jouant ensemble à Fortnite Stan Lee est mort, vive Spider-Man, Iron Man et les X-Men Toute la planète veut aller voir Beyoncé à Coachella "Time's Up" aux Golden Globes contre le harcèlement sexuel à Hollywood Les BTS deviennent *big* en dehors de la Corée La vraie *queen* Aretha Franklin nous quitte La *Fashion Week* défile enfin sans fourrure Kendrick Lamar chope un Pulitzer pour *Damn* Harry et Meghan se marient.

GRETA THUNBERG SUR KONBINI

Greta Thunberg a 15 ans. Pour la première fois elle s'adresse aux médias étrangers pour expliquer sa grève contre la politique environnementale en Suède : "Je fais ça puisque personne ne fait rien, et rien ne se passe, donc je dois faire quelque chose moi-même."

20

Vinted

Jacquemus

PNL

Ok Boomer

19

Christchurch
Les colleuses

Greta Thunberg

VINTED

C'est l'application de revente en ligne qui cartonne en France. En gros, c'est des mamounes qui s'insultent pour des pyjamas avant de se les envoyer par La Poste dans des boîtes de Chocapic.

Chemise rouge 38

3,50 €

Réserver | Faire une offre

Il mesure combien à l'entrejambe entre la poche droite et le genoux gauche ?

c'est une chemise

vous pouvez être poli quand même

bah c'est vous qu'avez pas dit bonjour

merci de m'envoyer une photo portée, et de jour hein, on voit pas si c'est du bleu ou du vert

elle est rouge...

2 euros ?

2 euros.

JACQUEMUS ENTRE DANS LA COUR DES GRANDS AVEC SON "COUP DE SOLEIL" DANS UN CHAMP DE LAVANDE

Le 24 juin 2019, Simon Porte Jacquemus fait défiler sa collection baptisée "Coup de soleil" dans un champ de lavande au cœur de sa Provence natale. À peine âgé de 30 ans, il finit d'inscrire son nom au panthéon de la mode.

Parvenir à délocaliser le monde de la mode au milieu de nulle part – aussi beau soit le lieu – en dehors du très protocolaire calendrier des *fashion weeks* est un privilège que peu peuvent se permettre. Pourtant, pour son défilé mixte de l'été 2020, Jacquemus, 29 ans, déroule le tapis rose dans un champ de lavande à un parterre de stars et de journalistes triés sur le volet, Emily Ratajkowski, en mini-robe signée du label du jour, figure au premier rang.

Si Simon Porte Jacquemus peut se permettre cette extravagance, c'est que sa marque éponyme, empruntée au nom de jeune fille de sa maman, cartonne depuis quelques années. C'est aussi grâce à un accessoire : le Chiquito, un micro-sac qu'on pourrait au premier

Des modèles marchent pour le défilé à Valensole, le 24 juin 2019.

abord prendre pour cocasse vu sa taille, mais qui finalement s'impose comme un *statement* mode incontournable, maintes fois copié.

Et si Jacquemus joue si vite dans la cour des grands, c'est aussi que ses collections qui s'installent dans le monde de la "high fashion" – un territoire entre le prêt-à-porter et la couture – jouent le contrepied de ce que proposent les autres maisons de mode à la même époque. En 2018, sa collection baptisée "La Bomba", au musée Picasso, éblouit le monde avec des aplats de couleurs, du glamour, des lignes modernes sans jouer la carte du streetwear qui s'invite au même moment sur les podiums des grandes maisons de mode.

Devenu chouchou des stars, plébiscité par Rihanna ou Bad Bunny – avec qui Simon Porte Jacquemus s'offre un duo sur le tapis rouge du Met Gala 2023 –, Jacquemus a de belles heures devant lui et deviendra probablement une grande maison de mode.
En attendant, pour la forme, le monsieur s'est offert une réinterprétation de l'iconique Air Force 1 en collaboration avec Nike, et a présenté sa collection automne 2023 "Le Chouchou" dans les jardins du château de Versailles. La série d'éclats n'est pas près de s'arrêter pour ce petit-fils de producteurs de fleurs né en 1990, monté à Paris de son Sud natal avec des rêves plein la tête.

LE SANG

PNL sur scène en 2022.

PNL TIENT EN HALEINE LA FRANCE DU HAUT DE LA TOUR EIFFEL POUR LA SORTIE D'"AU DD"

Le 22 mars 2019, les deux frères de PNL cassent YouTube avec "Au DD", un clip perché au sommet de la tour Eiffel qui engrange 7 millions de vues en vingt-quatre heures.

"Cette semaine", ce sont les deux mots postés sur le compte Twitter de PNL quelques jours avant leur tant attendu retour. Deux mots likés plus de 100 000 fois en quelques heures. Après les succès de leurs précédents albums *Que la famille*, *Dans la légende* et *Le Monde Chico*, Ademo et N.O.S, les deux frères des Tarterêts doivent frapper fort et mystérieux, comme à leur habitude. Pour enfoncer le clou, un live cryptique de seize heures met en scène la planète Terre vue de l'espace et distille des indices jusqu'à la grande annonce : le clip d'"Au DD" sortira le soir même. La hype est totale, la France s'arrête de bosser pour un clip de rap, bref PNL a déjà réussi son coup avant même la diffusion de ce nouveau single annonçant la sortie de l'album *Deux Frères* prévue quelques mois plus tard.

Le clip est enfin là, et venue du ciel une caméra se pointe sur Ademo et N.O.S, perchés de nuit sur la tour Eiffel. C'est clairement le clip français le plus cher de l'année (la location de la tour Eiffel, c'est pas donné), mais "Au DD" est surtout un énorme tube.

Mélodie lancinante, couplets percutants toujours empreints d'un quotidien mélancolique, on retrouve immédiatement la puissance, la poésie et l'alchimie si distinctive des deux frères, celle qui les a fait exploser quelques années plus tôt dans le clip de "Le Monde ou rien", classique filmé déjà perché, sur les tours à l'architecture mythique si reconnaissable de la cité de la Scampia à Naples.

Les scores explosent, les frères restent discrets, n'accordent toujours pas d'interviews, et font même leur bout de chemin à l'international. La preuve, dans "Au DD", ils dévoilent aussi une collection capsule de prêt-à-porter en collaboration avec le label Off-White, la marque de streetwear de luxe de l'Américain Virgil Abloh.

4 ouvrages à lire si vous êtes fan de PNL

Fan d'"Onizuka" ? On lit tout simplement le manga japonais auquel les frères font référence puisque Onizuka est le personnage principal de la série *Great Teacher Onizuka* (GTO) de Tōru Fujisawa.
Fan de "Le Monde ou rien" ? On lit le chef-d'œuvre de Roberto Saviano, *Gomorra*, publié chez Gallimard et porté à l'écran par Matteo Garrone en 2008.
Fan de "Oh Lala" ? On lit *Soleil de nuit* du Norvégien Jo Nesbø, qui partage avec un PNL cet attachement aux grands espaces et à leur pouvoir de rédemption, mais surtout une forme de désespoir : la cruauté des hommes gâche le lyrisme et la beauté de la nature.
Fan de "J'suis QLF" ? Un décor qui fait saliver, des vies de rêve, des gens prêts à tout pour avoir leur part du gâteau, tous les ingrédients de la chanson de PNL sont rassemblés dans le livre culte de Patricia Highsmith, *Monsieur Ripley*.

Vous savez pourquoi c'est ok de se moquer de la génération née pendant le baby-boom ? Tout simplement parce qu'ils ont connu le plein emploi, l'insouciance et la retraite, bref, la plupart se la coulent douce. Pour se venger de leur bonheur, l'expression "*Ok boomer*", née sur les forums internet, est popularisée en 2019 en commentaire d'une vidéo d'un papi taclant le soi-disant syndrome de Peter Pan de la Gen Z. En novembre 2019, l'expression devient planétaire après que la députée néo-zélandaise Chlöe Swarbrick l'utilise au Parlement européen. Rapidement, l'expression devient une virgule, une réponse calibrée pour se moquer de n'importe quelle sortie réactionnaire. En France, pour une fois, l'expression, souvent utilisée dans la langue de Shakespeare, s'offre aussi une géniale traduction : "D'accord, dinosaure."

DES BAS-FONDS D'INTERNET AUX ÉMOJIS, COMMENT L'EXTRÊME DROITE S'APPROPRIE LE LOL

L'élection de Donald Trump a sans doute marqué une rupture : sur les réseaux sociaux, l'extrême droite, ou "*alt right*" comme on dit aux États-Unis, est de plus en plus forte et organisée.

Elle a ses codes, son humour et ses symboles parfois ignorés par le grand public. Elle arrive notamment à s'approprier des éléments cultes de la culture internet, qui deviennent des marqueurs de l'extrême droite sur les réseaux, au point que les créateurs mêmes de ces images en viennent à devoir publiquement désavouer leur créature. C'est le cas de Matt Furie, créateur de Pepe the Frog – devenu un signe de ralliement mondial de la fachosphère –, qui tue symboliquement sa grenouille en 2017.

La Ligue anti-diffamation américaine (ADL) qui répertorie les symboles de l'extrême droite en ligne et dans la vraie vie classe, par exemple, les émojis qui passent du côté obscur de la Force. À côté de la croix gammée ou du drapeau confédéré des États-Unis, on trouve en 2019 beaucoup d'émojis d'apparence insignifiante. C'est le cas du signe OK, celui qu'on utilise en plongée pour dire que tout va bien, dans lequel certains décident de voir un "W" et un "P", comme dans *White Power*. Il est devenu un vrai signe de ralliement sur les sites et forums suprémacistes, au point que Brenton Tarrant, le terroriste suprémaciste auteur d'un attentat contre deux mosquées à Christchurch, a fait deux fois discrètement le signe en entrant dans la salle d'audience de son procès. En mai 2019, un suprémaciste estonien prend une photo avec Marine Le Pen, ils font tous les deux le signe. Peut-être que la leader du Rassemblement national ignore l'usage de ce symbole devenu international, ce n'est pas le cas du copain estonien sur la photo.

Plus étonnant encore dans cette liste : l'émoji coupe au bol, cette innocente coupe de cheveux que les enfants des années 1990 connaissent bien, est devenue elle aussi un signe de reconnaissance. L'origine de cet usage est glaçante : s'il est l'un des favoris de l'extrême droite sur les réseaux, c'est parce que c'était la coupe de cheveux du terroriste suprémaciste blanc Dylann Roof, auteur d'une fusillade dans une église fréquentée majoritairement par des Afro-Américains à Charleston, en Caroline du Sud. Beaucoup se sont même choisi des pseudonymes en référence à cette coupe au bol : "The Final Bowlution", "Bowl Gang" ou encore "Bowl Trash".

Bref la liste d'émojis recensés par la Ligue anti-diffamation ne cesse de s'agrandir, symbole d'une montée en puissance d'une extrême droite mondialisée et pas seulement sur les réseaux.

Dylann Roof lors de son arrestation le 18 juin 2015.

Lire aussi :
https://www.konbini.com/news/apres-lattentat-de-christchurch-nouvelle-zelande-bannit-fusils-dassaut/

Les premières affiches des colleuses apparaissent sur nos murs *pour dénoncer les féminicides, à l'initiative de l'ancienne Femen Marguerite Stern.*

Collage féministe à Arles.

Greta Thunberg lors d'une manifestation à Rome, le 19 avril 2019.

"HOW DARE YOU ?"

Greta Thunberg

VERY FAST NEWS

Ciao les dragons, le dernier épisode (pas ouf) de *Game of Thrones* est diffusé ●●● Pour se faire flipper, on se balade dans les backrooms de YouTube ●●● Notre-Dame prend un sacré coup de chaud ●●● Bong Joon-ho décroche la Palme d'or pour *Parasite* ●●● JuL arrive en Twingo au Vélodrome ●●● Le "mec à Milla" arrive on ne sait comment à la villa des "Marseillais" ●●● La "Liberté" de Soolking et Ouled El-Bahdja est la bande-son des manifestations pacifiques en Algérie ●●● "DESPAAAAAAAA-CITO" dépasse "Gangnam Style" sur YouTube ●●● L'OMS retire enfin la transidentité de la liste des maladies mentales ●●● Jacques Chirac meurt à 86 ans ●●● Le monde découvre un autre Michael Jackson dans le docu *Leaving Neverland* ●●● Agnès Varda meurt et le cinéma un peu avec ●●● Karl Lagerfeld meurt à 85 ans ●●● On se console avec Baby Yoda ●●● DJ Snake offre au monde son "J'ai un passé, j'ai un background" sur Konbini ●●● *Spotted* : Dude With Sign dans les rues de New York ●●● Un œuf casse instagram et dépasse la photo la plus likée de Kylie Jenner ●●● On se donne rendez-vous y'a 10 ans avec le #10yearschallenge ●●● Les Avengers sauvent le monde une dernière fois ●●● Sonic est si moche dans le *trailer* de son film que les fans font rebosser Hollywood ●●● Lil Nas X chante "Old Town Road" ●●● Ton cousin joue au Bottle Cap Challenge ●●● Le monde découvre Lizzo.

L'équipe Konbini News part en République démocratique du Congo, dans un centre de santé pour enfants souffrant de malnutrition. Le constat est alarmant, des milliers d'enfants meurent littéralement de faim. Pour répondre à cette urgence absolue, pour la première fois, nous lançons une campagne de micro-dons pour aider les associations sur place. L'opération Urgence Kasaï a récolté 540 000 euros reversés à l'association au profit d'Action contre la faim.

20

Les confinés

Doggface *vibing to* Fleetwood Mac

Kobe et Gianna Bryant

Elliot Page

20

**“Oui ma gâtée RS4
Gris Nardo”**

Travis Scott sur *Fortnite*

“La honte“

LES CONFINÉS

T'as suivi un tuto TikTok pour te fabriquer un masque avec une chaussette et t'as imprimé ton autorisation de sortie pour aller chercher des binouzes de première nécessité pour ton apéro Zoom.

***Nathan Apodaca* aka *@Doggface208 vibing to Fleetwood Mac*: la vidéo TikTok “feel good” la plus virale de l’année qui raconte une chouette histoire.**
Automne 2020, Nathan Apodaca est un Américain qui vit dans l’Idaho. Il se rend au boulot en voiture. Sa voiture plante. Il finit alors le chemin en skate et décide quand même d’en faire un bon moment. Glissant sur son long board et buvant son jus de cranberries sur Fleetwood Mac.

Kobe Bryant et sa fille Gianna à Toronto, le 14 février 2016.

L'icône de la NBA Kobe Bryant *décède dans un accident d'hélicoptère avec sa fille de 13 ans, Gianna, et sept autres passagers.*

“HI FRIENDS, I WANT TO SHARE WITH YOU THAT I AM TRANS, MY PRONOUNS ARE HE/THEY AND MY NAME IS ELLIOT”

Elliot Page

“OUI, MA GÂTÉE, RS4 GRIS NARDO”

Collectif 13’Organisé

Travis Scott à l' Openair
de Frauenfeld, le 12 juillet 2019.

TRAVIS SCOTT CHANTE DEVANT 27 MILLIONS DE PERSONNES SUR FORTNITE

Partir en tournée dans un monde encore covidé ? Pas question pour Travis Scott. La solution, un giga-concert sur le jeu vidéo en ligne Fortnite.

Janvier 2018, Gotaga, légende de l'e-sport et streamer français, se lance un drôle de défi : réussir un live 100 Top 1 sur le jeu en ligne Fortnite. En quelques semaines, le "Battle Royale" à la troisième personne où il faut être le dernier vivant de la partie est de toutes les conversations. Jeu le plus streamé, jeu le plus joué, jeu le plus franchisé, et jeu le plus rentable… alors qu'il est gratuit.

Gratuit oui, mais, *in-game*, il est possible d'acheter à chaque saison de nouveaux "skins" – de nouveaux personnages et leurs tenues –, de nouveaux accessoires et, surtout, de nouvelles danses pour célébrer des victoires ou frimer dans le lobby d'attente du jeu avant de grimper dans le bus virtuel qui parachute ensuite les joueurs sur la carte.

Pendant deux bonnes années, il est fort possible que votre petit cousin ait utilisé le billet de Mamie offert à Noël pour s'acheter des V-bucks, la monnaie virtuelle du jeu, très réelle en euros et en dollars de l'autre côté de l'écran. Fortnite siphonne les tirelires des jeunes ados du monde entier pour des danses venues des clips de rap et des tendances en vogue sur les réseaux sociaux.

L'étape d'après ? Transformer Fortnite en lieu de vie virtuel pour des événements avec des artistes, eux, bien réels. Le premier à essuyer les plâtres ? Le DJ EDM Marshmellow, connu surtout pour son costume avec un masque en forme de… Marshmellow (Marshmallow en français). Mais c'est *Astronomical*, un concert de Travis Scott en ligne immersif comme un film 3D participatif, qui ramène le reste du monde sur le jeu vidéo en ligne.

Pendant neuf minutes, le rappeur parcourt la carte de l'île du jeu vidéo et devient un géant sur la bande-son de ses meilleurs morceaux. Et ce, devant plus de 27 millions de joueurs, dont 12 millions en simultané, cassant instantanément tous les records d'une activation en ligne dans le monde virtuel d'un jeu vidéo.

La vidéo du concert, uploadée sur la chaîne YouTube du joueur, compte aujourd'hui plus de 200 millions de visionnages, et si on ne sait pas combien il a reversé à son avatar virtuel, le Travis Scott en chair et en os aurait, lui, empoché la rondouillette somme de 20 millions de dollars pour ce concert tout en 3D et effets stroboscopiques.

Lire aussi :
https://www.konbini.com/techno/a-65-ans-elle-enchaine-les-top-1-sur-fortnite/

“LA HONTE”

Adèle Haenel

Adèle Haenel, lors de la 45e cérémonie des César, en février 2020.

VERY FAST NEWS

Le monde regarde *Tiger King* en confifi
Le Live fait une soirée de lancement qui restera dans les annales de l'Internet
Ne dites plus "autotune", dites "ajustement automatique d'intonation"
Lancement du hashtag #FreeUyghurs
On va au mariage avec une robe "vreuuuuuuuuumant"
On dit "la Covid" ?
Ça cause sur Clubhouse en confifi
Ça mate les vidéos ASMR Politics
Christo meurt, mais on emballera quand même l'arc de Triomphe
Qu'y a-t-il de plus infernal qu'un apéro Zoom ?
Une deuxième soirée de suite sur Clubhouse peut-être
La question, elle est vite répondue
Attendez, c'est Nagui qui mutile des chevaux ?
Marc !
Marc !
Maaaaaaaarc !
T'applaudis à 20 heures, toi ?
Et merde, j'ai pas imprimé l'attestation
Meghan et Harry renoncent à la vie royale
De toute façon, les rois, c'est la bande de 13'Organisé, c'est Marseille, bébé
Billie Eilish chope 5 Grammy
Elon Musk et Grimes appellent leur kid XÆA-12
Comment ça, ça veut dire quoi "WAP" maman ?
Joe Biden bat Donald Trump
Tu fais encore un *banana bread* ? Ouais, mais c'est une recette de TikTok
Dua Lipa fait danser les confinés avec *Future Nostalgia*
Bzzzz bzzzz, je suis la mouche qui s'est posée sur la tête de Mike Pence
On regarde *Normal People*
Et on change son masque, svp.

Comment on continue d'exister en tant que média en plein confinement ? Konbini s'invite chez nos talents préférés avec un nouveau format : "*Make Home Great Again*". SCH, Yseult, Laura Felpin, Bilal Hassani, Zahia, Dinos, Vladimir Cauchemar... Ils sont 70 à répondre à l'appel et à nous donner des séquences de folie, surtout Pio Marmaï. C'est toujours en ligne, ça bouge pas.

20

#FreeBritney

Ever Given Gate

Les notes vocales

RIP Daft Punk

21

L'invasion du Capitole

Clubhouse

"Téma la taille du rat"

Des fans de Britney Spears devant le tribunal de Los Angeles lors de son audience sur la tutelle de son père, le 14 juillet 2021.

SAUVER L'ICÔNE DE NOTRE JEUNESSE : UNE PETITE HISTOIRE DU HASHTAG #FREEBRITNEY

Le 30 septembre 2021, l'avocat de Britney Spears annonce la victoire du hashtag #FreeBritney : la tutelle de la chanteuse qui dure depuis quatorze ans est levée.

Star planétaire de la fin des années 1990 et du début des années 2000, Britney Spears est peut-être la personne la plus connue des années Nokia 3310. C'est aussi la première célébrité globale à faire parler le monde entier de santé mentale, quand, le 16 février 2007, elle entre dans un salon de coiffure de Los Angeles pour se faire raser la tête devant les objectifs des paparazzi.

Celle qui a grandi sous les projecteurs, en même temps que la première génération internet, voit sa carrière marquée par les faits divers entre frasques amoureuses et passages en cure de désintox au point de finir, dès l'hiver 2008, sous la tutelle de son père Jamie Spears.

En novembre 2017, un mois avant la fin de la résidence "Piece of Me" de Britney à Vegas qui fait déjà couler beaucoup d'encre, un podcast, baptisé "Britney's Gram", animé par deux fans de la chanteuse, explore les dessous de l'Instagram de Britbrit. De fil en aiguille et grâce à plusieurs sources anonymes, l'enquête donne naissance au hashtag #FreeBritney qui fait rapidement le tour des réseaux sociaux.

Est-ce que l'entourage de la chanteuse lui veut du mal ? La mise en tutelle est-elle justifiée ? Celle qui admet avoir toujours eu à mener une bataille contre des addictions et des troubles de la santé mentale trouve le meilleur soutien possible : ses fans, les vrais, toute une génération biberonnée par ses hits.

Manifestations, preuves partagées sur les réseaux sociaux, une effervescence s'organise autour du hashtag #FreeBritney ; la justice prend finalement le dossier en main et à la fin de l'automne 2021, la chanteuse retrouve sa liberté.

Quoi, Britney expose ses peintures dans un village du Lot ?

En 2017, Britney publie une drôle de vidéo sur ses réseaux sociaux qui devient rapidement culte. Elle y immortalise une session de peinture, son hobby du moment. Enfin, hobby, c'est Britney quand même. Et de fil en aiguille, ses toiles finissent par prendre de la valeur, surtout aux yeux des fans. En 2020, la rumeur d'une expo de sa production baptisée "Sometimes You Just Gotta Play!!!!!!" prend même de l'ampleur sur les réseaux sociaux, mettant Figeac, un joli village de notre Sud-Ouest, sur la carte de l'Internet. Malheureusement, l'info est rapidement démentie par l'agent de la chanteuse.

Pendant six jours, le porte-conteneurs* Ever Given *reste bloqué en traviole du canal de Suez, l'un des axes maritimes les plus stratégiques du monde. Alors que le cours du pétrole s'affole et que le commerce mondial compte ses pertes, le bébé de 400 mètres de long pour 219 000 tonnes devient une machine à mèmes sur Twitter.

Bon, alors, ça a donné
quoi hier soir ?

8 minutes, vraiment ?

Distribué

NOTE VOCALE

(nom féminin) **: podcast de votre ami qui enchaîne les *dates* Tinder auquel vous n'êtes pas abonné, mais que vous devez tout de même écouter.**

Les Daft Punk lors des MTV Video Music Awards le 25 août 2013.

LES DAFT PUNK SE SÉPARENT APRÈS AVOIR DÉFINI VINGT-CINQ ANS DE MUSIQUE ÉLECTRONIQUE

"Daft Punk, c'est fini", titre Konbini le 22 février après l'annonce sur les réseaux sociaux, vingt-cinq ans après "Da Funk", de la séparation des deux robots français les plus connus du monde.

Une vidéo de huit minutes, publiée sur YouTube, secoue la planète pop. Baptisée "Épilogue", elle annonce la séparation du mythique duo versaillais sur fond d'une lente montée électronique couronnée par l'explosion des deux robots dans le désert de leur film *Electroma* sorti en 2006. Coup de com' ou vraie séparation? Malheureusement pour les fans, la nouvelle est très vite confirmée par l'agente de Guy-Manuel de Homem-Christo et Thomas Bangalter : Daft Punk, c'est bel et bien terminé.

Un an plus tard, démasqué et loin de la musique électronique, Thomas Bangalter explique cette séparation des robots au micro de la BBC après pas loin de trente ans de carrière : "J'aime la technologie en tant qu'outil, mais je suis en quelque sorte terrifié par la nature de la relation entre les machines et nous-mêmes. Maintenant que l'histoire est terminée, il me semble intéressant de révéler une partie du processus créatif qui repose essentiellement sur l'homme et non sur un quelconque algorithme."

Clore cette histoire à l'heure de l'omniprésence des intelligences artificielles semble donc une décision évidente pour ceux qui ont défini le son de la *French touch*, de la house de boîte à rythmes de leurs débuts aux tubes interplanétaires épaulés de Pharrell Williams ou Nile Rodgers sur *Random Access Memory*.

Toujours discret, le duo a marqué son temps en musique, en samples et en bandes-son de nuits en clubs et de roadtrip, leurs tubes restant encore des classiques intemporels et intergénérationnels. Mais les Daft Punk peuvent aussi se targuer d'avoir changé le monde par leurs apparitions scéniques, avec en point d'orgue la tournée "Alive 2007", moment charnière de l'expression de la musique électronique en festival et sur les plus grandes scènes du monde. "Quand on a joué à Bercy, je n'ai rien vu en fait !" raconte Thomas Bangalter début 2023 au micro de France Inter, preuve ultime que les Daft Punk, surtout démasqués, restent *Human After All*.

Lire aussi :
https://www.konbini.com/popculture/pov-vous-etes-sous-le-casque-de-thomas-bangalter-des-daft-punk-a-bercy-en-2007/

6 janvier 2021, **les partisans de Donald Trump envahissent le Capitole. Des images dignes d'une requête sur Midjourney: "Un épisode de *South Park* où le staff de Buffalo Grill marche sur le Capitole."**

LE FUTUR N'EST NI UN SINGE EN .JPG NI UNE NOTE VOCALE COLLECTIVE

Début 2020, tous les entrepreneurs installés en pépinières de start-ups n'ont qu'un SMS au bout du clavier: "T'as pas une invit' pour Clubhouse?"

Le temps d'un instant, une drôle d'appli a été valorisée à 4 milliards? 4 milliards vraiment? Pour une appli de salons audio où des entrepreneurs parlent de *growth hacking*, c'est la folie Clubhouse, une appli sur invitation symbole d'un moment de confinement.

Le concept de Clubhouse? Se retrouver le soir dans des salons thématiques avec des dizaines ou des centaines d'autres participants, pour échanger uniquement en audio. Pour la faire courte: Clubhouse est un TEDx sans fin avec en fond le bruit des intérieurs en confinement de ses utilisateurs à travers le micro d'une paire d'écouteurs sans fil Apple.

Mais alors, pourquoi Clubhouse enflamme le monde – ou du moins celui de la tech – pendant ces quelques mois? Tout simplement parce que la planète entière est confinée alors que la pandémie de Covid-19 bat son plein. Bonus: l'accès à l'appli est possible uniquement par cooptation, et même si le fond de l'app est un brin vide, il faut absolument en être pour faire partie du club et frimer sur les autres réseaux sociaux.

Quelques mois plus tard, le monde réouvre, et même les plus grands de la tech redécouvrent les réunions en présentiel alors qu'on pensait le télétravail adopté pour l'éternité. Pas de surprise; après sa valorisation XXL et ses embauches folles, Clubhouse dégringole aussi sec.

De toutes ces conférences audio, peu apprendront de ce tour en montagnes russes; ainsi les enthousiastes de l'appli se lanceront ensuite dans la bulle NFT. Les fameux "tokens non fongibles", dont le pic fin 2021 propulsera de simples .jpg de singes aux allures de street-art déconfit à des centaines de millions de dollars en crypto dans la Blockchain, sont la suite logique d'un monde de la tech franchement en perte de sens. Bref, Clubhouse et ses descendants sont les symboles d'une big tech qui, après une croissance exponentielle dans les années 2010, débute une grande crise existentielle pour ses années 2020, avec l'arrivée d'un nouveau grand terrain de jeu: l'intelligence artificielle.

Quelques exemples de salons les plus suivis pendant l'âge d'or de Clubhouse:

- Startup club Womxn in business,
- Instagram Marketing Secrets,
- Creative Executive Officers,
- The Hustler Club.

Lire aussi:
https://www.konbini.com/techno/digital-ce-terme-de-start-up-ne-doit-plus-etre-utilise-et-voila-pourquoi/

“TÉMA LA TAILLE DU RAT”

Ça commence sur Twitter, ça prend sur TikTok
et ça finit chez le ministre des Transports.

VERY FAST NEWS

Joséphine Baker entre au Panthéon Orelsan sort *Civilisation* Aya Nakamura fait la couv' de *Vogue France* Kim et Kanye, c'est finito L'équipe norvégienne de hand refuse de porter le bikini et écope d'une amende Megan & Harry vont chez Oprah Le signe extérieur de richesse : posséder le .jpg d'un singe avec de la morve au nez *Squid Game* casse Netflix Attends, Mimie Mathy a vraiment lancé un rouleau de papier toilette sur un enfant au supermarché ? ALERTE BENNIFER : J.Lo et Ben Affleck, c'est reparti Olivia Rodrigo chante "Driver's Licence" et devient instantanément une star de la pop *White Lotus* démarre sur HBO On veut les mitaines de Bernie Sanders à l'investiture de Joe Biden Lady Gaga et Adam Driver sont très stylés dans *House of Gucci* Lorde s'offre Jack Antonoff pour son grand retour Lil Nas X monte fort la température chez les réacs avec "Montero" Les acteurs de *Friends* se retrouvent alors que personne n'a fini son marathon *Friends* du confinement Kim K débarque en full combi Balenciaga au Met Gala 10 morts et 4900 blessés dans un mouvement de foule au festival Astroworld de Travis Scott The Weeknd construit un labyrinthe à la mi-temps du Super Bowl.

BOOBA X JULIEN BEATS

Chez Konbini, on aime bien créer des rencontres. Ça fait déjà un moment qu'on suit Julien Beats, jeune chroniqueur de 14 ans sur les réseaux, véritable sniper du rap français. Et évidemment, même avec son sens critique affûté, il rêve d'interviewer Booba. On organise une interview de Julien, "le Duc" arrive en full surprise pour répondre à toutes ses questions, *cute* et carré.

20

La domination
de TikTok

Mahsa Amini

Elon Musk rachète Twitter

22

Will Smith x Chris Rock

Zelensky

Jennifer Coolidge

COMMENT TIKTOK EST DEVENU L'ÉPICENTRE D'ABSOLUMENT TOUTES LES TENDANCES

Bip bip, c'est une notification WhatsApp sur votre smartphone. C'est votre daron qui vous envoie une vidéo virale. Cette vidéo, vous l'avez déjà vue la semaine dernière sur Instagram et elle faisait les beaux jours de Twitter le mois précédent. Mais au départ, elle est évidemment née sur TikTok, l'appli chinoise de vidéos où prennent vie toutes les tendances.

On est tous le ringard d'un autre, mais dans la chronologie de partage de mèmes et autres vidéos virales, il vaut mieux toujours être le premier. Sur les réseaux sociaux, la fin des années 2010 et le début des années 2020 voient arriver l'hégémonie d'un nouveau terrain de jeu : TikTok.

En 2018, l'Occident se met massivement à utiliser la plateforme chinoise de partage de micro-vidéos, descendante directe de Musical.ly, où le monde entier publiait déjà des selfies de *lip sync*, sorte de karaoké en vidéo. Jugée un peu futile par les millennials, la première génération internet, ceux nés entre 1981 et 1995, massivement restés sur Instagram, c'est la Gen Z, celle de ceux nés entre 1996 et 2012, qui s'accapare le réseau social de courtes vidéos à l'algorithme ultra-puissant.

Cet algo hyper-puissant est le sel de l'appli et fait de la rétention de l'attention un art que TikTok maîtrise tellement à la perfection que les autres plateformes finissent toutes par copier le modèle : l'hiver 2021-2022 voit YouTube, Instagram et même Facebook tout miser sur leurs contenus courts.

En tant que média des réseaux, à Konbini, on voit les vues des vidéos de plus d'une minute sombrer sur Instagram à l'automne 2021. C'était pressenti, annoncé, mais on en a alors la confirmation : Instagram change son fusil d'épaule, son algo bouge et met tellement en avant les vidéos courtes ou Reels qu'on n'a pas d'autre choix que de suivre le mouvement. Peu après, c'est YouTube qui promeut ses contenus courts, les shorts, même si l'ADN de la plateforme reste les vidéos longues. Bref, TikTok est devenu la plateforme qui dicte son rythme.

Sur TikTok tout-puissant, tout est cadencé, tout est filtré, et tout est réponse à un effet "boule de neige" de création de contenu : les fameuses tendances. Si le sommet de l'iceberg laisse apercevoir un monde de vidéos plutôt superficiel, ce fameux algorithme de TikTok, avec sa fameuse "For You Page", s'affine selon les goûts des utilisateurs et peut laisser la place à un monde créatif, moderne et d'une bienveillance générationnelle introuvable sur d'autres plateformes.

Là où on accuse Instagram de présenter des visages lisses, des poses parfaites, et des vacances photographiées exprès pour faire rager les malheureux... sur TikTok, on voit apparaître très vite une tendance à l'authenticité, au *no make-up*, à l'esthétique un peu crado ou moins travaillée.

À la manière des cours d'école des 90's, les utilisateurs peuvent aussi se retrouver dans des esthétiques ultra-référencées et toujours un peu plus "niche", en lien avec les tendances du moment. Ces niches, auxquelles on attribue le suffixe "-core", font les beaux jours des éditorialistes lifestyle. #Barbiecore ? C'est l'esthétique "Y2K" qui reprend les codes fluo et bien "ed hardysés" des années 2000. #Gorpcore ? C'est la niche de ceux qui se sapent en fringues de randonnées bien techniques... Et ainsi de suite jusqu'à l'apparition du hashtag ultime : le #corecore.

Le #corecore, c'est la dernière brique de la culture web qui fait battre le cœur underground de TikTok. La tendance des tendances, en vidéos voguant sur des contenus surréalistes, à la limite de l'art abstrait. La preuve que TikTok, derrière ses vidéos de danse reprises par des mamounes de province, est le laboratoire d'une nouvelle forme d'art numérique qui insuffle son identité partout, portée par une génération qui va peut-être sauver le monde.

Lire aussi :
https://www.konbini.com/techno/tiktok-surpasse-facebook-et-devient-lappli-la-plus-telechargee-au-monde/

Mahsa Amini,
le 17 septembre 2022,
à Téhéran.

Mahsa Amini, 22 ans, a été tuée par la police des mœurs iranienne pour une mèche de cheveux qui dépassait de son voile. *Son nom devient le symbole de l’oppression des femmes en Iran et embrase les réseaux.*

ELON MUSK RACHÈTE TWITTER

Pensant en faire son joujou hyper coolos de milliardos, Elon Musk s'offre Twitter, le réseau social de petites phrases qui dirigent le monde, pour la rondouillette somme de 44 milliards de dollars (ça peut paraître beaucoup, mais à notre échelle, c'est comme si on s'achetait une nouvelle belle paire de souliers). Mais le gros jouet confère de grandes responsabilités et le fan de blagues sur les chiffres 69 et 420 se prend les pieds dans les tapis à coup de mauvaises décisions stratégiques et de gestion des ressources humaines catastrophique. Rapidement, Twitter glisse encore plus vers le monde de la post-vérité, et mi-2023 le réseau social à l'oiseau bleu a déjà perdu la moitié de sa valeur…

Will Smith gifle Chris Rock à la 94e cérémonie des Oscars.

Malheureusement, c'est cette image de **Will Smith frappant Chris Rock qui nous reste en tête lorsqu'on revient sur la 94e cérémonie des Oscars.** *Ah et sinon c'est* CODA*, l'adaptation US de* La Famille Bélier *qui a été sacré meilleur film ce soir-là.*

VOLODYMYR ZELENSKY, DU PETIT ÉCRAN À LA GRANDE GUERRE

Tee-shirt kaki, regard solide, éloquence impeccable. Si Volodymyr Zelensky n'était encore qu'un détail de l'échiquier géopolitique international il y a quelques années, le président ukrainien est aujourd'hui devenu le visage de la résilience, nouveau paradigme du leader, allant même jusqu'à être élu "Personne de l'année" par le magazine Time en 2022.

Un chef d'État pas comme les autres, qui a d'abord joué au président avant de le devenir. C'est en effet en 2015 qu'il enfile pour la première fois le costume du premier homme du pays, devant les caméras de la série de fiction *Le Serviteur du peuple*. Un rôle précurseur qui lui vaudra l'amour des Ukrainien·ne·s, et même leur confiance.

En 2019, usant du succès de sa série, Zelensky se présente aux élections présidentielles au sein d'un nouveau parti politique du même nom que la fameuse série : "le Serviteur du peuple". Avec plus de 70 % des votes, l'ancien acteur l'emporte haut la main et troque les plateaux de tournage pour les quartiers présidentiels ukrainiens.

Un parcours atypique, qui lui aura tout de même coûté cher sa légitimité, notamment aux yeux de ses homologues voisins, qui ne l'ont pas toujours vraiment pris au sérieux. À commencer par le président russe, Vladimir Poutine. Dans sa négation des valeurs occidentales, le leader autoritaire a fait gonfler une pression sur les frontières de l'est ukrainien, militarisant les zones russophones telles que les républiques de Donetsk et de Lougansk, rattachant ces zones aux valeurs russes conservatrices.

Volodymyr Zelenskyy visite Bucha, le 4 avril 2022.

S'en sont naturellement suivies des tensions entre les deux États, ainsi qu'une crise identitaire forte pour les communautés russophones installées à l'est de l'Ukraine. C'est dans ce contexte qu'en février 2022, la Russie a envahi l'Ukraine, à travers ce que Poutine s'est efforcé de qualifier d'"opération militaire spéciale".

Une guerre des idées et des territoires, amorcée par une force armée russe confiante et impitoyable, loin de se douter de la résilience et de la résistance des troupes ukrainiennes, portées par un leader qui s'est montré exemplaire avant même le début du conflit. En refusant de quitter le pays, préférant revêtir son costume de combat et courir au front, Volodymyr Zelensky a montré au monde un modèle inédit de leadership.

Usant des réseaux sociaux et des tribunes internationales diverses, allant même jusqu'à s'exprimer à distance en plein Festival de Cannes, le président ukrainien s'est efforcé de rallier un maximum d'alliés à sa cause, bravant l'hypocrisie capitaliste d'États dont le soutien n'est encore que trop timide. Une gestion du conflit qui lui aura valu d'être comparé à Churchill, là où le cinéaste préfère évoquer Charlie Chaplin, dont le pouvoir d'influence auprès de ses admirateurs était, durant la Seconde Guerre mondiale, plus conséquent encore que n'importe quelle artillerie.

Lire aussi :
https://www.konbini.com/internet/comment-un-serveur-discord-minecraft-sest-retrouve-avec-des-documents-militaires-top-secret-de-larmee-americaine/

“THESE GAYS THEY’RE TRYING TO MURDER ME”

Tanya McQuoid, *The White Lotus*, saison 2.

VERY FAST NEWS

Maman, désolé, *Plus Belle la vie*, c'est finito • Serena Williams raccroche sa raquette • Kim K agrandit la robe de Marilyn Monroe au Met Gala • D'ailleurs, Léna Situations est aussi invitée au Met • Le duo Coperni spray une robe en live à Bella Hadid • Benzema est enfin Ballon d'or • Vivienne Westwood meurt à 81 ans • Vroum, Squeezie rassemble 1 million de personnes devant Twitch pour sa course de Formule 4 • Aminematue bat ce record avec un match de foot contre l'Espagne diffusé lui aussi sur Twitch • Internet Explorer fait ses adieux, mais on n'était déjà plus dessus • Le monde entier danse sur le thème endiablé de la saison 2 de *The White Lotus* • La Cour suprême américaine abroge l'arrêt Roe *v.* Wade et supprime le droit fédéral à l'avortement • Tom Cruise remplit les salles de ciné avec *Top Gun: Maverick* • Riri va avoir un bébé • Le monde entier suit le procès Johnny Depp *v.* Amber Heard • La France remporte la mythique Pixel War • *Drag Race* débarque enfin en France • Beyoncé sort *Renaissance* • Merde, c'est l'heure du BeReal et je suis aux toilettes • Embrouille de crachats pendant la promo du film *Don't Worry Darling* • La saison 1 de *The Bear* remet tout le monde en cuisine • Bad Bunny est l'artiste le plus écouté du monde sur Spotify • C'est nouveau, c'est quoi ? C'est Kate Bush et Metallica remis à la mode par *Stranger Things.*

BRAD PITT SUR KONBINI

Marina Foïs, Wes Anderson, Marjane Satrapi, Jamel Debbouze, Xavier Dolan, Michael B. Jordan… Qui aurait pu imaginer qu'on arriverait même un jour à faire venir Brad Pitt dans notre petit vidéo-club préféré du XIe ? (En vrai, bien sûr qu'on y avait pensé.)

20

Quoicoubeh
Bold Glamour

Barbie
L'IA

23

Santé mentale

Rihanna au Super Bowl

Les influenceurs et la retraite

LE MOT DE 2023 C'EST QUOI ?
QUOICOUBEH
EUUH OK... ET DU COUP C'EST QUOI ?
QUOICOUBEH !

"BOLD GLAMOUR", LE FILTRE QUI IMPOSE DE NOUVEAUX STANDARDS DE BEAUTÉ INTOUCHABLES

À l'ère des IA, les filtres sur les applis de vidéos deviennent de plus en plus réalistes. Quelques années après le filtre "chien" Snapchat, les filtres beauté sont devenus des outils qui biaisent la réalité et le rapport au corps.

Être canon, en photo ou en vidéo, à l'heure des réseaux sociaux et de l'hégémonie des applis de rencontres, semble être une obligation sociale. Pourtant, l'utilisation de filtres beauté devient problématique, particulièrement avec l'avènement du "Bold Glamour", utilisé massivement sur la plateforme de partage de vidéos courtes TikTok.

Sourcils plus foncés, nez moins large, teint hâlé, traits plus fins, et surtout une finition bizarrement naturelle malgré l'évidente transformation qu'opère le filtre sur le visage des millions d'utilisateurs et utilisatrices du filtre. Les attributs physiques apportés par ces filtres, suite logique des photos retouchées de magazine, imposent à toute une génération une série de complexes physiques les poussant vers des troubles de la santé mentale et l'apparition de dysmorphophobie.

En plus d'offrir un reflet biaisé et d'imposer collectivement des standards de beauté illusoires et arbitraires, c'est la "qualité" technique de ces nouveaux filtres qui peut effrayer. Quand les filtres Snapchat ou TikTok précédents ne fonctionnaient pas toujours ou que leur application était visible au premier regard, les filtres comme le "Bold Glamour" sont techniquement irréprochables et laissent leur utilisation moins décelable, appuyant encore plus sur la perception d'une réalité pourtant inatteignable.

Ces filtres, nouvelles injonctions à être belles et beaux, dans un canon unique, sont possiblement les premiers pas vers une utilisation encore plus massive d'autres sortes de maquillages virtuels. On risque encore pas mal d'être surpris au premier *date*.

Lire aussi :
https://www.konbini.com/internet/sur-tiktok-ces-deepfakes-glacants-generes-par-ia-redonnent-vie-aux-pires-faits-divers/

Le film *Barbie* de Greta Gerwig *affole le box-office.*

Margot Robbie dans *Barbie* de Greta Gerwig.

L'HUMANITÉ CONTRE LES ROBOTS : LA COURSE AUX IA VA TROP VITE

En mars 2023, un collectif d'experts dont fait partie Elon Musk réclame une pause de six mois dans la course aux intelligences artificielles pour mieux combattre les risques de désinformation et de cyberattaques.

"Des risques majeurs pour l'humanité", c'est ce que souligne en premier argument un collectif d'experts, dont des développeurs ayant eux-mêmes mis les mains dans la création des modèles d'intelligence artificielle. Début 2023, Chat GPT, l'outil d'IA créé par OpenAI, est de tous les gros titres. Si l'outil ne ressemble qu'à un gros moteur de recherche Google avec une nouvelle interface et une capacité à incarner les informations et les tâches qu'on lui réclame, sa progression exponentielle donne le vertige et fait se lever des boucliers d'un genre nouveau.

Le futur, c'est maintenant, et il n'est pas radieux. C'est en substance le discours de la plupart des géants de la tech participant à l'élaboration de ces nouveaux outils. Les rêves de science-fiction des années 1980 se transforment-ils en réalité ? Oui, et sans doute même plus vite que prévu. Si la destruction d'emplois promise par l'essor des intelligences artificielles semble inéluctable, pour le collectif d'experts, c'est surtout le risque de cyberattaques de grande envergure et de désinformation qui justifie cette demande de pause dans l'avancée technologique.

La tribune réclame donc un moratoire jusqu'à la mise en place de systèmes de sécurité permettant la surveillance rapprochée des systèmes d'intelligence artificielle et la création d'outils visant à facilement distinguer le réel de l'artificiel afin de protéger l'humanité et ses institutions.

Même Sam Altman, patron d'OpenAI, la maison mère de ChatGPT, reconnaît être effrayé par les capacités de son bébé, devenu un outil omniprésent en quelques mois qui pourrait tout à fait être utilisé pour de la désinformation à grande échelle. Ding Dong, vous êtes Sarah Connor ?

Elon Musk lors de l'Axel Springer Award, le 1er décembre 2020.

ChatGPT, admis au barreau de NYC ?

En mars 2023, la sortie de ChatGPT-4 est annoncée. Pour teaser un peu les performances de cette nouvelle version de l'IA, le cofondateur de l'OpenAI Greg Brockman, annonce avoir fait passer à l'intelligence artificielle l'examen du barreau de NYC. Le résultat est repris par des médias du monde entier, puisque l'IA obtient des scores équivalents aux 10 % des étudiants les plus brillants alors que quelques mois plus tôt ses résultats la rangeaient dans la tranche des 10 % les plus faibles.
Deux mois plus tard, les mêmes médias racontaient l'infortune de Steven Schwartz, un avocat américain qui avait préparé son argumentaire avec ChatGPT et qui a perdu toute crédibilité à un niveau mondial quand la cour s'est rendu compte que trois des affaires citées dans sa plaidoirie n'avaient tout simplement jamais eu lieu.
On a bien ri, sauf les scénaristes d'Hollywood. Ils savent bien, eux, que derrière chaque mythomane se cache un potentiel écrivain.

Lire aussi :
https://www.konbini.com/internet/ca-y-est-les-ia-font-la-messe-a-leglise/

SANTÉ MENTALE

Trop longtemps mises de côté ou réservées à une frange de la population, les questions de santé mentale sont enfin abordées par le plus grand nombre. Artistes, jeunes, moins jeunes, il est enfin ok de dire "pas ouf" quand on nous demande si "ça va ?". Dépression, addiction, et même des maux moins profonds, la santé mentale et tout ce qui en découle est enfin en train de devenir un grand sujet public, permettant à toute une génération de ne pas cacher son mal-être derrière une pudeur mal placée, générationnelle ou culturelle. Bref, "santé mentale", ce n'est pas un mème golri, mais c'est sans doute le sujet le plus important enfin abordé au grand jour autant dans la vraie vie que sur les réseaux sociaux.

12 février 2023, *mi-temps du Superbowl, le #pregnant se hisse en TT sur Twitter.*

Théo Becker *aka* Matsu, en 2022.

QUAND LES INFLUENCEURS PRENNENT POSITION CONTRE LA RÉFORME DES RETRAITES

Printemps 2023, la France est dans la rue… Et pour la première fois de façon notable, les influenceurs aussi. La goutte de trop ? Le recours au 49.3. Souvent restés neutres, de nombreux créateurs de contenu prennent clairement position contre la réforme des retraites.

À mesure que des sujets politiques qui concernent absolument tout le monde émergent, certains gros créateurs de contenu assument de plus en plus leurs engagements et leur position politique. Le projet de réforme des retraites du gouvernement Borne et son adoption par le 49.3 font partie de ces sujets d'envergure et ils ont réveillé l'influence web française.

Des prises de position certes attendues, mais qui s'accompagnent d'un appel inédit à l'engagement. S'il existe une frange d'habitués, campant régulièrement sur leurs positions de gauche, comme le streamer Antoine Daniel, qui partage depuis le début du mouvement social les liens pour les caisses de grève, ce sont les prises de parole de créateurs de contenu d'habitude plus neutres sur les sujets de société possiblement clivants pour leur audience qui sont remarquables.

Mini-sketch sur Élisabeth Borne et son 49.3 lors d'un épisode de "Zen", l'émission ultra-suivie de Maxime Biaggi et Grimkujow, une story accompagnée d'un "Une honte" posté à ses 4 millions d'abonnés par la giga-influenceuse Léna Situations, prenant à partie le gouvernement. Et surtout l'incroyable DM "Coucou, vous êtes là, urgent !" envoyé par la star de Snapchat Poupette Kenza au président de la République Emmanuel Macron. C'est toute une frange d'ambassadeurs à l'audience rarement politisée qui prend position contre la réforme.

Sur la plateforme de vidéos YouTube aussi, des vidéastes ultra-suivis par la jeunesse française comme Joyca ou Mastu, tous les deux comptant plus de 5 millions d'utilisateurs, appellent à la mobilisation et à "faire attention", pointant directement du droit les violences policières qui émaillent depuis le début des manifestations les différents cortèges.

Que ce soit très directement, en story Insta, en vidéo, ou simplement *via* des retweets ou des likes bien placés, c'est toute une catégorie d'influenceurs et de créateurs de contenu omniprésents dans le quotidien des jeunes Français et Françaises qui, pour la première fois à cette ampleur, partagent leurs positionnements politiques sans langue de bois. De quoi réveiller les consciences de leurs abonnés, souvent très jeunes, très rarement sensibilisés aux grandes questions sociales et politiques.

Lire aussi :
https://www.konbini.com/societe/on-a-compile-10-slogans-incroyables-qui-ont-illumine-la-manif-contre-la-reforme-des-retraites/

VERY FAST NEWS

La musique électronique salue *Trax* après vingt-six ans de fête ●●● Brendan Fraser remporte l'Oscar pour *The Whale* ●●● Hervé Renard reprend la sélection de l'équipe de France féminine et permet aux joueuses de venir à Clairefontaine avec leurs enfants ●●● Google Images confond Pierre Niney et Thomas Pesquet après les vannes dans l'émission "Lol: qui rit, sort!" ●●● Travis Scott n'est finalement pas pénalement responsable des décès survenus lors du festival Astroworld ●●● Vice Media se déclare en faillite ●●● Les Parisiens votent contre les trottinettes en libre-service ●●● Le Sénat adopte l'inscription du droit à l'avortement dans la Constitution ●●● Shakira et Miley Cyrus se vengent de leurs ex en chanson tout en explosant les compteurs de streams ●●● Barbie porte des Birk dans le vrai monde ●●● Lizzo veut arrêter sa carrière à cause des insultes grossophobes ●●● Elon Musk fait n'importe quoi sur Twitter ●●● Les orques ne sont pas si sympas ●●● Pharrell dévoile sa première collection pour Louis Vuitton ●●● Apple permet enfin de flouter les *dick pics* non consenties dans la mise à jour d'iOS 17 ●●● Les Skyblog, c'est finito ●●● Des milliardaires tentent d'aller observer le *Titanic* à bord d'un mini sous-marin piloté par une manette de console de jeu vidéo, ça tourne mal ●●● "Makeba" de Jain est ENCORE un tube sur TikTok ●●● Ouais, c'est Greg ●●● "Makeba" de Jain est ENCORE un tube sur TikTok.

Certains d'entre vous suivent Konbini depuis longtemps et on vous en remercie. Et parce qu'on veut braver le filtre des réseaux sociaux, on a plus que jamais envie de se rapprocher de vous: dans la fosse des concerts pour faire des *reports* depuis votre point de vue, à la Fête de la musique où vous êtes encore venus nombreux ou en salles pour notre première sur scène avec un *SMALL TALK* de feu entre David Castello-Lopes et Jérôme Niel, et ça n'est que le début...

WHAT'S NEXT?

15 ans d'Internet, de nouveaux usages, de nouvelles façons d'appréhender et de traiter l'information et la pop culture. On s'est donc posé la question de la suite, ou en tout cas de l'année prochaine, alors que la nouvelle génération biberonnée aux réseaux sociaux va éditer les règles. À l'heure de la post-vérité et de l'omniprésence de la pop culture, pour nous le futur proche, celui qu'on a envie de raconter, c'est ça :

Le retour des blogs • Toujours pas de casques VR • Luidji star internationale • L'élection US qui se jouera sur TikTok, Twitch et Zelda • Enfin des albums de Rihanna et Dua Lipa pour sauver le monde • Le retour des casquettes à l'envers • La fin des films de 3 heures • Encore plus de films de 3 heures • Une vraie bonne lessive pour les chaussettes blanches • Des steaks d'insectes dans les fasts-foods • Un Internet plus utile et moins standardisé par les réseaux • Des séries en odorama (pitié non) • Des scénaristes remplacés par des IA et très vite des IA re-remplacées par des scénaristes • Porter des Crocs au bureau • La fin de Parcoursup et le bac option Pass culture • La mode non genrée • La fin du sida • Un reboot de *Star Wars* (vous êtes pas obligés, hein) • Un album commun de Jay-Z & Nas • La fin des tote bags commerciaux, svp • La suprématie de l'eurodance • Kylian Mbappé se lance en politique • Le débardeur pour tous parce qu'il fait trop chaud • La disparition de Facebook • T'es sur Threads ? • Plus de temps libre pour écouter des podcasts et moins de notes vocales • Des aires de jeu dans les trains pour tous les âges • Ardisson se lance sur Twitch • Michel Drucker se lance sur Twitch • Le retour du rock • Le retour de l'iPod Classic • La fast seconde main • Le retour des K7 audio • La fin des *tradwife trends*.

IN POP WE TRUST.

IN POP WE TRUST
KALASH-CRIMI
Karidja Touré
Femme
CIMER KONBINI
YEAH
Mais cassez-vous bordel!

Des milliers de visages

Depuis 2008 nous avons fait le choix de dédier nos formats aux talents, qu'ils soient artistes, défenseurs ou créateurs, plébiscités ou sous-côtés.
On a fait notre trou, et on vous a confié une place au premier rang. On a pris des risques, et vous nous avez fait confiance. Merci à vous de nous avoir permis de bousculer l'univers des médias traditionnels, et de nous faire grandir tous les jours. Konbini ne serait pas Konbini sans vos visages. Merci d'avoir accepté qu'on l'on porte votre voix depuis quinze ans, et merci de faire résonner la nôtre.

Merci la famille

Pour une semaine en stage ou pour plusieurs années de collaboration, vous avez été des centaines à nous rejoindre chez Konbini, à partager vos idées créatives, vos convictions, vos passions et votre savoir-faire pour améliorer chaque jour le résultat de notre travail commun. Vous êtes tous différents, tous passionnés, tous géniaux. Transmettre l'esprit d'un collectif, d'un média, en célébrer les valeurs n'est pas chose évidente, vous avez tous participé à ce passage de flambeau. Nous avons hâte des années à venir, de découvrir tous les nouveaux talents qui continueront d'écrire et de décrire l'histoire d'internet à nos côtés. Vous n'êtes pas tous sur les photos, mais pleinement dans nos cœurs.
MERCI <3

KONBINI
FLOWER BLOOM
Small Talk
konbini
QUI A DE L'ANTIMOUSTIQUE SVP?
VINCENT HIVER
KONBINI PARTAY

CRÉDITS PHOTOS

AFP : p.28 : © Getty Images North America / Getty Images via AFP ; p.58 : AFP Photo / Service de police de la ville de Montréal

Alamy : p.11 : WENN Rights Ltd ; p.13 : Abaca Press ; p.15 : Aaron Alex ; p.17 : Sydney Alford ; p.34 (t-shirt Unkut) : Albert Karimov ; p.38 : Fred Mack ; p.44 : PA Images ; p.48 : Belga News Agency ; p.50 (livre Steve Jobs) : urbanbuzz ; p.56 : dpa picture alliance ; p.57 : ADC PICTURES ; p.59 : PA Images ; p.68 : Abaca Press ; p.70 : ALL ACCESS ; p.78 : WENN Rights Ltd ; p.92 : Rich Gold ; p.101 : Abaca Press ; p.106 : Abaca Press ; p.122 : LANDMARK MEDIA ; p.123 : Abaca Press ; p.127 : MediaPunch Inc ; p.128 : The Photo Access ; p.129 : Roland Phillips ; p.135 : Abaca Press ; p.138 : Tribune Content Agency LLC ; p.139 : Serge Mouraret ; p.144 (Didier Raoult) : Abaca Press ; p.146 : The Canadian Press ; p.150 : Abaca Press ; p.157 : Abaca Press ; p.158 : Rise Images ; p.166 : ZUMA Press, Inc. ; p.170 : LANDMARK MEDIA ; p.176 : PictureLux / The Hollywood Archive ; p.177 : Bradley Cooper ; p.179 : UPI

Bridgeman : p.16 Quantrell D. Colbert / © CW / Courtesy : Everett Collection Bridgeman Images

DR : p.22 ; p.34 ; p.50 ; p.110 ; p.114 ; p.126 ; p.145 ; p.160

Getty : p.167 : Myung Chun / Los Angeles Times

Konbini : p.19 ; p.29 ; p.39 ; p.49 ; p.51 ; p.61 ; p.73 ; p.85 ; p.90 ; p.100 ; p.117 ; p.131 ; p.141 ; p.151 ; p.161 ; p.168 ; p.171 ; p.174 ; p.181 ; p.184-185 ; p.186-187

Shutterstock : p.12 : Michael Kraus, Elenovsky, Anastasiia Horova, George Dolgikh, Oleksiy Mark, Vvoe ; p.23 : Salty View ; p.27 : Todd Squires ; p.34 : Ebru-Omer, Ekaterina43, Vr Studio, Med_Ved, Rama Rafael ; p.42 : Sergei Bachlakov ; p.45 : Pascal Huot ; p.47 : hand draw ; p.50 : Anton_Ivanov, Claudio Caridi, Vdovichenko Denis, Whitevector, Jiri Hera, Rvlsoft, Khvost, Seksan Wangjaisuk ; p.71 : David Peperkamp, Art 14, Dzha33, Keith Homan, New Africa, Febriana Suwarningsih, Jeff Baumgart ; p.77 : pianodiaphragm ; p.80 : ozrimoz ; p.83 : Burdun Iliya ; p.91 : House Committee on Oversight and Government Reform ; p.94 : Ernest Rose ; p.98 : Matthew Corley ; p.111 : Evan El-Amin ; p.126 : Photo_SS, cunaplus, AnTish, Mtsaride, Anton Starikov, Yellow Cat, Purple Clouds, Baiploo ; p.140 : Daniele COSSU ; p.144 : Buntovskikh Olga, Vantage_DS, Delpixel, skelfks, Best_photo_studio, Radu Sebastian, fetrinka, Wojciech Boruch, Med_Ved, Ifufu Cool, kustomer ; p.148 : Sergii Figurnyi ; p.154 : Ringo Chiu ; p.159 : Felizlalala ; p.164 : Luiza Kamalova ; p.169 : Dmytro Larin ; p.175 : Olga Ekaterincheva

Wikipédia : p.14 : (Aleph) ; p.18 : Bertrand ; p.22 : Greg L ; p.25 : David Shankbone ; p.54 : Jean-Marc Ayrault ; p.64 : greyloch ; p.65 : John Lucia ; p.67 : Erik Drost ; p.72 : Laura Poitras / Praxis Films ; p.81 : Universal Music ; p.82 : Eddy BERTHIER ; p.92 : House Committee on Oversight and Government Reform; p.102 : Official GDC ; p.104 : Adrien Nougaret/ZeratoR ; p.112-113 : Web Summit ; p.124 : Altostratus ; p.136 : PNL ; p.149 : Frank Schwichtenberg ; p.155 : Pierre Markuse ; p.180 : ZACK

Directrice de la rédaction
Marjorie du Manoir

Coordination éditoriale
Marjorie du Manoir
Marie Misset

Rédigé par
Pharrell Arot

Avec le soutien de
Delphine Rivet
Flavio Sillitti
Robin Panfili
Marie Misset
Marjorie du Manoir

Direction Artistique
Raphaël Choyé
Jordan Beline
Marianne Herzmann
Gabrielle Brin

Contributeurs.trices
Rayene Aït Tahar
Harmony Ferreira
Raphaël Kammoun
Arthur Cios
Léa Saad
Zoé Jourdan
Pierre Filiot
Maxime Gauvin
Lucie Bacon
Alexandre Krief
Eastsidezem

Coordination photos : Pierre-Emmanuel Samson
Coordination talents : Alexandre Duarte
Communication : Simon Delpirou
Juridique : Julie Ménard
Cofondateurs : Lucie Beudet et David Creuzot

Iconographe : François Bocquier
Graphiste : Guillaume Arduré
Correcteur : David Lerozier

Tha

you

rea

Happy Birthday

to many more years to come.

A Girardot

Joyeux 15 ans ♡

On vous aime ♡

Hoshi ♡ :)

Bon Anniv''

de 15 ans

Konbini

Ärsenik

tch-tch

HAPPY

BONG

DAY

KONBINI.

15 YEARS.

MY GOD.

LOVE MAC.

Mac

15 ans !

Je les fais pas Konbini...

Joyeux Anniversaire,

Manu Payet

Joyeux Anniversaire

Konbini

merci de continuer de m'inviter

à vos goûters d'anniversaire. J'aime

beaucoup votre maison et vos Mugs. Par contre

Rachid anciennement Konbini me doit un cadeau,

du coup je n'ai pas de cadeau pour vous !

Médine

Hello Konbini !

Merci de m'avoir

emmené dans un

sex-shop, on avait

beaucoup rigolé !

Gros bisous ♡

Rosa

Merci d'avoir signé notre carte d'anniversaire !

Page de gauche : **Ana Girardot • Hoshi • Ärsenik • Mac Demarco • Manu Payet • Médine • Rosa Bursztein**
Page de droite : **Sophie-Marie Larrouy • Loïc Prigent • Hakim Jemili • Baptiste Lecaplain • Bigflo et Oli • Jérôme Niel**

PAPIER CERTIFIÉ

Imprimé en Espagne par Graficas Estella
pour le compte des éditions Hachette Livre (Marabout)
58, rue Jean Bleuzen – 92178 Vanves Cedex

Depôt légal : octobre 2023
ISBN : 978-2-501-18111-2
8556741

ank
for
ding